VEGANE LUNCHBOX

ÜBER 100 REZEPTE FÜR DEINE PAUSE

MITNEHMEN, AUFESSEN, SATT WERDEN

Jérôme Eckmeier | Daniela Lais

VEGANE LUNCH BOX

Einfach, schnell, vegan – immer und überall!

Mit Fotografien von Brigitte Sporrer

vebu
Die Zukunft isst pflanzlich

Herausgegeben vom Vegetarierbund Deutschland

DK

INHALT

VORWORT

Auch an einem hektischen Arbeitstag knurrt um halb eins der Magen. Dann heißt es noch kurz telefonieren, eine Mail beantworten und schnell etwas zu essen besorgen, denn auch die Mittagspause ist im Nu wieder rum. Die meisten von Ihnen kennen das bestimmt.

Gesund, ausgewogen und mit vielen frischen Zutaten wünschen wir uns unsere Mittagsmahlzeit. Aber im Alltag scheitern die guten Vorsätze oft an Zeitnot und man landet wieder beim Imbiss um die Ecke.

Wer etwas Veganes sucht, wird vielleicht sogar dort fündig. Kantinen und Mittagsläden bieten mittlerweile immer häufiger vegane Snacks an. Eine tolle Entwicklung. Dennoch muss man zuweilen noch ganz schön suchen. Und seien wir ehrlich: Das, was man sich dort schnell auf die Hand kauft, hat meist wenig mit einer ausgewogenen Mahlzeit zu tun.

Kein Wunder also, dass die Voll- und Teilzeitveggies sich gerne etwas von zu Hause mitbringen. Der VEBU hat 3500 befragt. Das Ergebnis: 75 Prozent von ihnen packen sich mehrmals pro Woche ihr Lunchpaket. Die Rezepte dafür wünschen sie sich ausgewogen, einfach und schnell. Und genau solche präsentieren Jérôme Eckmeier und Daniela Lais in diesem Buch. Mit dabei sind vegane Ideen für bunte Sandwiches und kalte Gerichte – Lunchbox-Klassiker, die auch bei unseren Befragten ganz oben auf der Liste stehen. Es gibt aber auch Suppen und warme Gerichte, die sich problemlos am Arbeitsplatz aufwärmen lassen und für eine leckere und stressfreie Mittagsauszeit sorgen.

Und wenn Sie sich fragen, wann Sie sich die Zeit für die Vorbereitung dieser Gerichte nehmen sollen, habe ich einen Tipp für Sie: Treffen Sie sich doch sonntags mal mit Familie oder Freunden zum gemeinsamen Vorkochen. Zusammen macht das Schnippeln, Brutzeln und Braten gleich doppelt so viel Spaß und am Ende ist der Kühlschrank prall gefüllt mit pflanzlichen Köstlichkeiten für Ihre ganz persönliche Lunchbox.

Ihr Sebastian Joy
Geschäftsführer VEBU

Treffen Sie uns auf www.vebu.de, facebook.com/vebu.de, twitter.com/vegetarierbund

RICHTIG VERPACKEN

Lunchboxen gibt es in großer Auswahl. Sie sollten fest und luftdicht verschließbar sein, damit nichts nach außen entweichen kann. Legen Sie sich eine größere, mittlere und kleine Box aus Edelstahl, recyceltem Plastik oder nachwachsenden Rohstoffen zu, ebenso eine isolierte Box für Suppen oder warme Speisen und eine isolierte Thermosflasche für Smoothies oder andere Getränke – sie halten meist bis zu 6 Stunden warm und bis zu 24 Stunden kalt.
Eine praktische Alternative sind gut gereinigte und wieder verwertete Kunststoffbehälter mit fest schließendem Deckel, Schraubdeckel- oder Einmachgläser, ebenso Alufolie und Frischhaltefolie. Dressings werden am besten separat, etwa in extra Komponenten der Lunchbox oder kleinen Gläschen, transportiert.
Viele Büros verfügen über kleine Küchen mit einer Mikrowelle oder einem Herd zum Aufwärmen – eine hitzebeständige Box erspart das Umplatzieren auf einen Teller und zusätzlichen Abwasch. Speisen sollten, wenn sie nicht in isolierten Behältern verpackt sind, immer kühl gelagert werden. Richten Sie sich im Büro-Kühlschrank und -Küchenschrank eine kleine Ecke für Ihre Lebensmittel und Gewürze ein!

VEGANE BASICS – DER VORRAT

Haben Sie einige Basics im Vorrat, müssen Sie nur wenige frische Zutaten zukaufen und die Vorbereitung der Lunchbox geht täglich mühelos von der Hand. Unsere Rezepte sind einfach gehalten und die Zutaten unkompliziert beziehbar. Sie bekommen das meiste im gut sortierten Supermarkt, wenn nicht dort, dann im Bioladen, Reformhaus, Drogeriemarkt oder veganen Versandhandel. Soweit nicht anders erwähnt, halten die hier aufgeführten Zutaten ungeöffnet/nicht angebrochen, luftdicht verschlossen, lichtgeschützt und trocken gelagert mindestens 1 Jahr.

IM TIEFKÜHLFACH

Frisches Gemüse: geputzt, bei Bedarf blanchiert und portioniert, hält einige Monate.

TK-Gemüse: enthält meist mehr Vitamine als frisches Gemüse, da es gleich nach der Ernte tiefgefroren wird. Zur Haltbarkeit Herstellerhinweise beachten.

Zitronensaft und **Saucen** in kleinen Portionen für Dressings, Saucen oder zum Aromatisieren halten einige Wochen.

Teige: Pizza-, Blätter-, Mürbe- und Strudelteige, selbst gemacht oder fertig gekauft, halten sich im Tiefkühlfach einige Monate.

(Fortsetzung auf Seite 10)

IM KÜHLSCHRANK

Frische **Kräuter** halten im Kühlschrank, in ein feuchtes Küchentuch gewickelt, bis zu 1 Woche.

Vegane **Margarine** sollte kein Butterreinfett beinhalten. Sie hält im Kühlschrank mindestens 3 Wochen.

Pflanzenmilch: Soja-, Reis-, Hafer-, Mandel-, Nuss- oder Mehrkornmilch bzw. -drinks. Für pikante Speisen eine zuckerfreie Pflanzenmilch, für Backwaren Sojamilch verwenden, da sie in Kombination mit Essig stockt und sich gut mit den anderen Zutaten verbindet. Sie hält ungekühlt und ungeöffnet gelagert einige Monate, nach dem Öffnen im Kühlschrank aufbewahren und binnen 3–4 Tagen verbrauchen.

Soja-, Hafer- oder Reissahne hält ungekühlt und ungeöffnet gelagert mindestens 6 Monate, nach dem Öffnen im Kühlschrank aufbewahren und binnen 2–3 Tagen verbrauchen.

Sojajoghurt ohne Zuckerzusatz hält im Kühlschrank rund 2 Wochen.

Tempeh hält ungeöffnet und ungekühlt mehrere Monate, geöffnet im Kühlschrank 2–8 Wochen, sollte dann aber schnell verbraucht werden.

Tofu: Naturtofu (noch zu aromatisieren) und/oder Räuchertofu (schon fertig gewürzt) hält im Kühlschrank ungeöffnet mindestens 2 Wochen. Naturtofu mit Salzlake bedeckt lagern.

Tomatenmark hält sich ungeöffnet und lichtgeschützt gelagert mindestens einige Monate, nach dem Öffnen im Kühlschrank aufbewahren und innerhalb von 1–2 Wochen verbrauchen.

IM VORRATSSCHRANK

Dosen: Gemüse, Hülsenfrüchte, Früchte

Eingemachtes in Gläsern: Gewürzgurken, Kraut, Oliven, Tomaten, Paprika

Getrocknete Früchte und Gemüse wie Pilze, Tomaten und Chilischoten

Gewürze und Kräuter (getrocknet): Chilipulver, Currypulver, Garam masala, geräuchertes Paprikapulver, Ingwer, Kreuzkümmel, Kräuter der Provence, Kurkuma, Majoran, Muskatnuss, Oregano, Paprikapulver, Pfeffer, Piment, Salz, Zimt, Zucker, Zwiebelpulver

Hefeflocken als Würzmittel und zur Herstellung von Schmelz zum Überbacken

Mehle zum Backen, Binden und Andicken, etwa Glutenmehl und Kichererbsenmehl

Nüsse, Samen, Kerne: Chiasamen, Cashewkerne, Haselnüsse, Sesamsaat oder Walnusskerne

Olivenöl (kaltgepresst, von guter Bio-Qualität)

Pasta als Basis vieler Gerichte

Quinoa, Reis oder Wildreis als Basis vieler Salate, Beilagen und Füllungen

Sojaschnetzel oder TVP (Textured Vegetable Protein) – fein, grob, als Würfel oder Steak

Würz- und Süßungsmittel: Agavendicksaft, BBQ-Sauce, Essig, Gemüsebrühe, Sojasauce, Tahin (Sesammus)

1, 2, 3 – BLITZ-GERICHTE FÜR DIE LUNCHBOX

Manchmal muss es einfach schnell gehen, wenn man sich morgens noch eben etwas für die Mittagspause oder als Snack für zwischendurch einpacken möchte. Perfekt ist es dann, wenn man noch Reste vom Vortag hat, die man einfach in die Lunchbox füllen kann. Also ruhig zum Abendessen mal eine größere Menge zubereiten. Aber auch, wer nicht auf Reste zurückgreifen kann, hat noch eine Menge Alternativen.

Besonders schnell gehen zum Beispiel belegte Brote oder Brötchen, dazu ein paar Gemüsesticks. Für den kleinen Hunger zwischendurch sind Nüsse ideal – am besten stellen Sie sich Ihre eigene Nussmischung zusammen, die Sie dann noch nach Belieben mit Kokoschips oder Ähnlichem aufpeppen können. Ein frischer Obstsalat ist ebenso schnell zusammengestellt – noch einen Schuss Zitrone zugeben, damit das Obst nicht braun wird. Und vielleicht darf es ja auch mal was zum Knabbern sein – vegane Nachos, Chips und Salzstangen passen nicht nur zum Fernsehabend. Leckere Dips dazu finden Sie auf Seite 30.

MÜSLI & CO.

Oft reicht die Zeit am Morgen nicht mal zum Frühstücken – da ist ein Müsli der perfekte Begleiter, wenn man das Haus verlässt. Ein Müsli geht schnell und mit Sojajoghurt oder Pflanzenmilch auch ganz leicht vegan. Man kann fertige Müslimischungen kaufen, sich aber auch nach Lust und Laune selbst eine zusammenstellen. Mit den proteinreichen Chiasamen wird daraus ein richtiges Powerfood.

Müsli mit Chiasamen und Obst

1 Mandarine schälen und in Spalten teilen, **1 kleine Banane** in Scheiben schneiden, **½ Apfel** in Würfel schneiden. Das Obst mit **150 g Sojajoghurt, 1 EL feinen Haferflocken** und **1 TL Chiasamen** mischen. Mit **2 EL Agavendicksaft** süßen.

Overnight Oats

Am Vorabend **50 g feine Haferflocken** mit **230 ml heißem Wasser** und **20 g Himbeeren (TK)** in ein Twist-off-Glas geben und über Nacht einweichen. Am nächsten Morgen durchrühren und **2 EL Agavendicksaft** und **1 EL gehackte Cashewkerne** (oder andere Nüsse) dazugeben.

BROTAUFSTRICHE: DIE »GRUNDLAGEN«

Brotzeit spart Zeit! Natürlich gibt es mittlerweile auch viele vegane Brotaufstriche zu kaufen, aber selbst gemachte haben einen Vorzug: Die Grundmasse kann ganz nach eigenen Ideen variiert werden. Als Basiszutaten für den Aufstrich werden zum Beispiel Hülsenfrüchte, Nüsse, Samen, Gemüse, Obst, Reis oder Reiswaffeln und Seidentofu verwendet. Frische oder getrocknete Kräuter, Gewürze oder aromatischer Räuchertofu sind die geschmacksgebenden Komponenten. Werden Sie kreativ und legen Sie sich leckere Vorräte an, die im Alltag Zeit sparen! Noch mehr Brotaufstriche finden Sie auf Seite 90–93.

Basis-Aufstrich aus Sonnenblumenkernen

100 g Sonnenblumenkerne in einer Pfanne ohne Fett anrösten. Dann in einen Mixer geben und mahlen, dabei nach und nach **6–8 EL Sonnenblumenöl** dazugeben. Nach Belieben noch einen Schuss Wasser oder Zitrone zufügen. Die Paste als pikanten Aufstrich mit **getrockneten Kräutern, Salz, Pfeffer** und **geräuchertem Paprikapulver** würzen oder pur mit etwas **Marmelade** auf ein Brot streichen. Die pikante Variante geeignet sich auch als Dip.

FIXE SUPPEN

Gerade im Winter sind Suppen eine willkommene und wärmende Mahlzeit. Wer in der Arbeit eine Mikrowelle oder sogar eine Herdplatte zur Verfügung hat, kann sich quasi auch auf Vorrat eine Flasche Passata und/oder Instant-Gemüsebrühe, Suppennudeln und Backerbsen mitnehmen. Für eine einfache Brühe mit Backerbsen reicht dann sogar ein Wasserkocher. Weitere köstliche Suppen finden Sie ab Seite 44.

Buchstabennudelsuppe

1 EL Öl in einem Topf erhitzen, **1 kleines Stück Lauch** in feine Ringe schneiden und kurz anrösten, mit 300 ml Wasser ablöschen, **½ Gemüsebrühwürfel** dazugeben und aufkochen lassen. Sobald das Wasser kocht, **80 g Buchstabennudeln** dazugeben und nach Packungsangabe (etwa 6–7 Minuten) kochen lassen. In eine Schüssel geben und nach Belieben mit **1 TL gehackter Petersilie** bestreuen.

Tomatensuppe

70 g gemischtes Gemüse (Möhren, Sellerie, Lauch) in sehr feine Würfelchen oder Ringe schneiden. **1 EL Öl** in einem Topf erhitzen. Gemüse kurz anrösten, **300 ml Passata** zugeben und mit **etwas Gemüsebrühe** oder Wasser verdünnen. Einige Minuten köcheln lassen, bis das Gemüse bissfest ist. Mit **Salz** und **Pfeffer** abschmecken und nach Belieben **1 EL Suppenkräuter** (frisch oder TK) hinzufügen und **1 EL vegane Sahne** oder **Sauerrahm** darunterziehen.

SALATE – SCHNELL UND GESUND

Salate sind ideal für die vegane Lunchbox. Die Grundzutaten sind meistens ohnehin vegan, man kann wunderbar Obst- und Gemüsereste verwerten, die man noch im Haus hat, und schnell zubereitet ist das Ganze auch noch. Hier ein paar Anregungen, trauen Sie sich aber ruhig auch an eigene Kreationen. Weitere Salatrezepte finden Sie ab Seite 61.

Turbo-Tabouleh

3 EL Couscous mit der doppelten Menge Salzwasser aufkochen. Den Herd ausschalten und zugedeckt 10 Minuten ziehen lassen. Währenddessen **4 Kirschtomaten** waschen und fein würfeln, **½ Zucchini** waschen und würfeln. **6 Minzeblätter** und **6 Stängel Petersilie** waschen und hacken. Aus dem **Saft von 1 Limette, 3 EL Olivenöl, Salz** und reichlich **schwarzem Pfeffer** ein Dressing rühren. Alle Zutaten gut mischen.

Räuchertofu-Reste-Salat

2–3 Handvoll Blattsalat der Saison waschen, trocken schütteln und grob zerzupfen. **Gemüsereste (Paprika, Gurke, Oliven)** fein würfeln und unterheben. Mit einem Dressing aus **1 EL Apfelessig, 3 EL Olivenöl, Salz, Pfeffer** und **1 Spritzer Zitronensaft** mischen. **100 g Räuchertofu** würfeln, in **1 EL Olivenöl** bei starker Hitze anbraten und mit **1 Schuss Sojasauce** ablöschen. Mit **1 EL Sesamsamen** unter den Salat heben.

Schneller Sprossensalat

2 Handvoll Sprossen nach Wahl (selbst gezogen oder gekauft) mit **1 Handvoll grünem Salat** der Saison und **1 filetierten Orange** mischen. **2 EL Öl** und **2 EL Essig** mit dem aufgefangenen Saft der Orange vermengen und zum Salat geben. Alles gut vermischen und mit **Salz** und **buntem Pfeffer** abschmecken.

Veganer Wurstsalat

150 g vegane Wurst, 4 Essiggurken und **3 Radieschen** in Scheiben schneiden. **1 kleine rote Zwiebel** schälen, halbieren und in feine Ringe schneiden. **1 kleine Paprikaschote** halbieren, entkernen und fein würfeln. **2 EL Öl** mit **1 EL Essig** und **1 TL Senf** verquirlen, über die restlichen Zutaten geben, alles durchmischen und mit **Salz** und **Pfeffer** abschmecken. Nach Belieben mit **2 EL Kresse** garnieren.

VEGAN ESSEN IM RESTAURANT

Trotz aller guter Vorsätze: Eine Lunchbox mitzunehmen klappt nicht immer. Und auch die Geselligkeit führt einen hin und wieder ins Restaurant. Hier ein Überblick, welche veganen Möglichkeiten sich wo bieten.

Beim Italiener

Italienische Restaurants sind oft sehr flexibel und eine gute Anlaufstelle für veganes Essen. Pizzateige sind in den meisten Fällen vegan, Nachfragen ist aber immer besser. Pizza nur (dick) mit Tomatensauce und Gemüse belegen lassen und dann nach Belieben mit Knoblauch- oder Chiliöl verfeinern. Viele Italiener haben außerdem Pasta aus Hartweizengrieß ohne Ei. Bei Saucen fährt man mit Tomatensauce oder *aglio e olio* immer gut. Gnocchi sind leider meist ein Fertigprodukt, in dem Milchpulver enthalten ist, oder aber sie werden mit Ei oder Milchprodukten zubereitet.

Beim Inder

Hier ist es wichtig, immer nach Ghee (geklärte Butter) zu fragen, das in ganz vielen Gerichten vorkommt. Dals sind in der Regel vegan, wenn kein Ghee zugegeben wird. Alu Ghobi (Kartoffeln und Blumenkohl in würziger Sauce) ist ein Standardgericht bei vielen Indern und fast immer vegan. Viele Pakoragerichte (Ausgebackenes in Kichererbsenteig) kommen ebenfalls ohne tierische Produkte aus. Papadam, das als Beilage gereicht wird, ist immer vegan, Roti ebenfalls. Bei Naan wird leider oft Ghee verwendet.

Beim Mexikaner

Tacos mit Gemüse gefüllt kann man bei jedem Mexikaner bestellen. Bei der Sauce hält man sich an scharfe, rote Sauce, hier wird nur mit Tomaten als Basis gearbeitet. Enchiladas lassen sich meist auch vegan füllen und sind ein guter Snack für die Mittagspause.

Beim Chinesen

Die Fastenspeise der Buddhisten, ein Gericht mit Tofu und Sojasprossen, steht fast auf jeder Speisekarte in chinesischen Restaurants und ist immer vegan. Gemüse mit gebratenem Reis ist auch oft dabei, hier ist es nur wichtig, dass man es ohne Ei bestellt. Die traditionelle Misosuppe ist ebenfalls vegan. Bei asiatischen Gerichten ist wichtig zu erwähnen, dass man keine Fischsauce im Gericht haben möchte. Im Dessertbereich sind die gebackenen Früchte meist vegan, ohne Honig bestellt versteht sich.

Beim Schnellimbiss

Hier ist man mit Falafel gut bedient. Die runden Kugeln aus Kichererbsen sind eigentlich immer vegan, mit allerlei Gemüse im Fladenbrot eine schnelle, sättigende Mahlzeit. Bei der Sauce kann es schwierig werden, da diese meistens auf Joghurtbasis oder mit Milchprodukten hergestellt wurden. Am besten nach Tahinsauce fragen.

Gutbürgerlich

In traditionellen deutschen Restaurants ist es oft noch am schwersten. Gemüseteller gibt es fast immer. Aber unbedingt darauf bestehen, dass das Gemüse nicht in Butter geschwenkt wird. Auch Salatteller mit einer Vinaigrette aus Essig/Öl kann man bestellen. Ansonsten einfach vorher anrufen und/oder explizit »vegan« erfragen – die Nachfrage bestimmt das Angebot und je öfter nach veganen Gerichten gefragt wird, desto früher beginnen die Restaurants sich umzustellen!

SMOOTHIES
FINGER-
FOOD
& CO.

FÜR DEN
KLEINEN
HUNGER

SNACKS
FÜR
ZWISCHEN-
DURCH

Für 12 Riegel
Zubereitung: 15 Minuten
+ 15 Minuten Backzeit

MÜSLIRIEGEL

Trockenfrüchte und Nüsse liefern Power für den Tag, das Fuchsschwanzgewächs Amaranth versorgt uns mit Kalzium, Magnesium, Eisen und Zink. Müsliriegel sind die perfekte Mahlzeit für zwischendurch, ein Energie- und Kraftspender als Ergänzung für die Lunchbox. Schnell zubereitet bringt dieser süße Riegel mit kernigen Haferflocken alles mit, was ein schneller Energielieferant mitbringen sollte. Nach Lust und Laune lassen sich die Trockenfrüchte variieren, so wird es garantiert nie langweilig.

- 50 g Macadamianüsse
- 50 g Haselnüsse
- 50 g Cashewkerne
- 250 g Trockenfrüchte (z. B. Rosinen, Datteln, Gojibeeren, Aprikosen)
- 5 EL vegane Margarine
- 5 EL Rohrohrzucker
- 150 ml Agavendicksaft
- 2 EL Zitronensaft
- 30 g gepuffter Amaranth
- 200 g kernige Haferflocken
- 1 Prise gemahlener Zimt

1 Macadamia-, Haselnüsse und Cashewkerne mit einem Messer oder in der Küchenmaschine grob hacken. Die Trockenfrüchte je nach Sorte ganz lassen oder klein schneiden.

2 Margarine, Zucker und Agavendicksaft in einem Topf bei starker Hitze aufkochen. Macadamia- und Haselnüsse, Cashewkerne, Trockenfrüchte, Zitronensaft, gepufften Amaranth, Haferflocken und Zimt unterrühren.

3 Den Backofen auf 180 °C vorheizen. Ein Backblech mit Backpapier auslegen. Die Frucht-Nuss-Mischung mit einem angefeuchteten Spatel etwa 2 cm dick auf das Backpapier streichen. Im Ofen auf der mittleren Schiene etwa 15 Minuten backen, bis die Masse gut zusammenhält. Noch warm in zwölf Riegel schneiden, abkühlen lassen und in einer luftdicht verschließbaren Dose aufbewahren.

Für 2–3 Gläser
Zubereitung: 10 Minuten
+ 1–2 Stunden Kühlzeit

TIPP

Schon ein großes Glas grüner Smoothie liefert Vitamine und Energie für den ganzen Tag.

75 g junger Spinat
1 sehr reife Banane
1 kleine Bio-Orange
1 kleiner Apfel
1 Stück Ingwer (etwa 1,5 cm)
Saft von 1 kleinen Bio-Zitrone
1 EL Baobab-Pulver (nach Belieben; aus dem Bioladen oder Internethandel)
1 TL Moringa-Pulver (nach Belieben; aus dem Bioladen oder Internethandel)
½ TL Leinöl

SPINAT-BANANEN-SMOOTHIE

Den Spinat waschen und trocken schütteln. Banane sowie Orange schälen und in grobe Stücke schneiden. Den Apfel schälen, vierteln und das Kerngehäuse entfernen, das Fruchtfleisch grob schneiden. Alle Fruchtstücke und den Spinat in einen Mixer geben. Den Ingwer schälen, fein reiben und mit Zitronensaft, Baobab-Pulver (nach Belieben), Moringa-Pulver (nach Belieben) und Leinöl ebenfalls in den Mixer geben. Die Zutaten fein pürieren, 500 ml Wasser hinzufügen und alles nochmals kurz zu einem Smoothie mixen. In kleine Flaschen füllen und 1–2 Stunden kalt stellen. Alternativ in einer Isolierflasche kalt stellen und portionsweise entnehmen.

Für 2 Gläser
Zubereitung: 5 Minuten
+ 1–2 Stunden Kühlzeit

500 ml Mandelmilch
1 EL Apfeldicksaft
1 Msp. gemahlener Sternanis
1 Prise Salz
1 Msp. gemahlener Kardamom
1 TL gemahlener Zimt

MANDEL-ZIMT-DRINK

Alle Zutaten in einer Schüssel mit dem Schneebesen von Hand kräftig durchrühren oder in einen Mixer geben und kurz durchmixen. Den Drink in kleine Flaschen füllen und 1–2 Stunden kalt stellen. Alternativ in einer Isolierflasche kalt stellen und portionsweise entnehmen.

Für 10 kleine Bällchen
Zubereitung: 25 Minuten
+ 3–4 Tage Durchziehzeit

PESTO-»RICOTTA«-BÄLLCHEN

So einfach, so köstlich: Dieser Snack bereichert nicht nur mit frischer Schärfe die Lunchbox, er schmeckt auch auf Partys als Amuse-Bouche und wird in einem hübschen Glas zum hochwillkommenen Mitbringsel.

- 1 l Sojamilch
- 5 EL Apfelessig
- 1 Bund Thai-Basilikum
- 5 TL veganes Basilikumpesto
- ½ TL Chilipulver
- Salz
- frisch gemahlener Pfeffer
- Olivenöl zum Einlegen

1 Die Sojamilch in einem Topf bei starker Hitze aufkochen. Sobald sie zu kochen beginnt, den Essig einrühren. Den Topf vom Herd ziehen und die Mischung abkühlen lassen, dabei setzen sich die festen Bestandteile ab. Die Flüssigkeit vorsichtig abgießen. Die festen Bestandteile in ein mit einem sauberen Küchentuch ausgelegtes Sieb geben. Die Ecken des Tuchs über der Masse zusammenfassen und eindrehen, sodass möglichst viel Flüssigkeit herausgedrückt wird.

2 Das Basilikum waschen und trocken schütteln, die Blätter abzupfen und grob schneiden. Den Soja-»Ricotta« in einer Schüssel mit Pesto und Chilipulver verkneten und mit Salz und Pfeffer abschmecken. Zehn Bällchen aus der Masse formen und mit dem Basilikum in ein großes Twist-off-Glas oder Einmachglas geben. Die Bällchen vollständig mit dem Öl bedecken und 3–4 Tage durchziehen lassen.

TIPP

Die Bällchen in beliebiger Anzahl zum Lunch mitnehmen oder, falls die Möglichkeit besteht, das Glas im Kühlschrank der Küche am Arbeitsplatz deponieren und sich nach Lust und Laune bedienen. Schmeckt zu Salat und/oder Brot oder zusammen mit Tomaten in eine Lunchbox geschichtet.

Für 2 Snack-Portionen (8 kleine Taler)
Zubereitung: 25 Minuten

KLEINE KARTOFFELTALER
MIT JOGHURTDIP

Die köstlichen kleinen Kartoffeltaler können wahlweise gebraten oder vollkommen fettfrei im Ofen gebacken werden. Dazu gibt es einen frischen Joghurtdip, der mit Schnittlauch verfeinert wird. Ein kleiner Snack mit Pep, der garantiert keine Sünde ist.

Für die Taler:
- 200 g vorwiegend festkochende Kartoffeln
- Salz
- 120 g Dinkelmehl (Type 630), plus etwas mehr für die Arbeitsfläche
- 2 TL Kräuter der Provence
- 1–2 EL ÖL

Für den Joghurtdip:
- 3–4 EL Sojajoghurt
- 1 EL Schnittlauchröllchen
- Salz
- frisch gemahlener Pfeffer

1 Die Kartoffeln schälen, in grobe Stücke schneiden und in Salzwasser etwa 15 Minuten weich garen. Abgießen und noch warm in einer Schüssel mit einer Gabel zu einem Püree mit nur noch kleinen Stückchen zerdrücken. Mehl, 1 TL Salz sowie Kräuter der Provence dazugeben und alles zu einem glatten Teig verarbeiten.

2 Den Teig auf einer reichlich bemehlten Arbeitsfläche mit einem ebenfalls bemehlten Nudelholz 0,5 cm dick ausrollen. Einen runden Ausstecher oder ein Glas von etwa 6 cm Ø mit Mehl bestäuben und runde Taler aus der Teigplatte ausstechen. Das Öl in einer Pfanne erhitzen und die Taler darin auf beiden Seiten goldbraun braten. Herausnehmen, auf Küchenpapier abtropfen und abkühlen lassen.

3 Für den Dip Joghurt und Schnittlauch verrühren und mit Salz und Pfeffer abschmecken. Taler und Dip separat verpackt mitnehmen.

TIPP

Man kann die Taler auch im Ofen backen. Dafür den Ofen auf 175 °C vorheizen, die Taler auf ein mit Backpapier belegtes Backblech setzen und mehrfach mit einer Gabel einstechen. Auf der mittleren Schiene 10 Minuten backen, wenden und nochmals etwa 10 Minuten backen, bis sie zart goldbraun sind.

Für 2 Snack-Portionen
Zubereitung: 10 Minuten
+ 25 Minuten Backzeit

- 200 g Kichererbsen (aus der Dose)
- 2 EL Olivenöl
- 2 TL Garam masala (ind. Gewürzmischung)
- 1 TL Salz
- 1 TL Zwiebelpulver

GERÖSTETE KICHERERBSEN

1 Den Backofen auf 200 °C vorheizen. Die Kichererbsen abgießen, mit Küchenpapier sehr sorgfältig trocken tupfen und in eine Schüssel geben. Öl, Garam masala, Salz sowie Zwiebelpulver dazugeben und alles locker mit den Händen mischen, bis Öl und Gewürze gleichmäßig verteilt sind.

2 Ein Backblech mit Backpapier auslegen und die Kichererbsen darauf verteilen, sodass sie nebeneinander liegen. Im Ofen auf der mittleren Schiene 10 Minuten backen, dann wenden. Die Ofentemperatur auf 225 °C erhöhen und die Kichererbsen weitere 10–13 Minuten backen. Vollständig abkühlen lassen und knuspern.

Für 2 Snack-Portionen
Zubereitung: 10 Minuten
+ 30 Minuten Backzeit

- ½ Blumenkohl (etwa 500 g)
- 1 EL Chiliöl
- 2 EL Olivenöl
- 1 Prise Chilipulver
- 2 TL süßes Currypulver
- 1 Prise gemahlener Piment
- ½ TL gemahlener Kreuzkümmel
- 1 Msp. gemahlene Kurkuma
- 3 leicht gehäufte TL Thai-Chili-Paste

WÜRZIGER BLUMENKOHL AUS DEM OFEN

1 Den Backofen auf 190 °C vorheizen. Den Blumenkohl waschen, in Röschen teilen und in eine Schüssel füllen. Ein Backblech mit Backpapier auslegen. Beide Ölsorten mit Chilipulver, Currypulver, Piment, Kreuzkümmel, Kurkuma und Chili-Paste in ein Twist-off-Glas geben. Das Glas verschließen und kräftig schütteln, bis sich die Zutaten zu einer glatten Würzpaste verbunden haben.

2 Die Würzpaste mit den Händen oder mit einem Backpinsel rundum auf den Blumenkohlröschen verteilen. Den Blumenkohl auf dem Backpapier verteilen und im Ofen auf der mittleren Schiene 25–30 Minuten backen. Mit einem Zahnstocher eine Garprobe machen. Der Blumenkohl schmeckt warm oder kalt.

Für 1–2 Snack-Portionen
Zubereitung: 10 Minuten
+ 15 Minuten Backzeit

SPICY GRÜNKOHL-CHIPS

180 g krauser Grünkohl
1 EL Sesamöl
½ TL Sojasauce
1 Msp. Chilipulver
1 Msp. Hefeflocken

1 Den Backofen auf 170 °C vorheizen. Ein Backblech mit Backpapier auslegen. Den Grünkohl waschen und gut trocken tupfen, dickere Stiele und Blattrippen entfernen. Die Blätter in große Stücke zerzupfen. Öl und Sojasauce in einer kleinen Schüssel mischen. Die Kohlblätter beidseitig mit der Ölmischung einpinseln und auf das Backpapier legen. Die Blätter sollten sich dabei nicht überlappen – gegebenenfalls portionsweise backen.

2 Chilipulver und Hefeflocken in einer weiteren kleinen Schüssel mischen und die Kohlblätter damit bestreuen. Im Ofen auf der mittleren Schiene je nach Dicke der Kohlblätter in etwa 15 Minuten knusprig backen. Herausnehmen und vollständig abkühlen lassen.

COCONUT BACON

Für 2 Snack-Portionen
Zubereitung: 10 Minuten
+ 20 Minuten Backzeit

130 g Kokoschips
1 EL Ahornsirup
1 EL Sojasauce
1 TL Liquid smoke (nach Belieben; aus dem Feinkost- oder Internethandel)
½ TL geräuchertes Paprikapulver

1 Den Backofen auf 140 °C vorheizen. Die Kokoschips in eine Schüssel geben. Ahornsirup, Sojasauce, Liquid smoke und 1 TL Wasser verquirlen. Auf den Kokoschips verteilen und alles mit den Händen locker durchmischen, damit die Flüssigkeit gut verteilt wird. Das Paprikapulver darüberstreuen und untermischen.

2 Ein Backblech mit Backpapier auslegen und die Kokoschips darauf verteilen, sie sollten nicht übereinanderliegen. Im Ofen auf der mittleren Schiene 15–20 Minuten backen, währenddessen zwei- bis dreimal wenden. Herausnehmen und vollständig abkühlen lassen.

TIPP

Die Grünkohl-Chips können als Knabberei gegessen werden, passen aber auch prima als Topping auf Sandwiches oder Burger.

Für 2–3 Snack-Portionen
Zubereitung: 10 Minuten

2 reife Avocados (Sorte Hass)
½ rote Chilischote
1 kleine grüne Chilischote
1 Knoblauchzehe (nach Belieben)
Saft und abgeriebene Schale von ½ Bio-Limette
½ TL Salz
1 Prise frisch gemahlener weißer Pfeffer

Außerdem:
Gemüsesticks (nach Belieben; z. B. Paprikaschote, Möhre, Staudensellerie)
vegane Nachos oder Cracker (nach Belieben)

GUACAMOLE

1 Die Avocados halbieren und den Stein entfernen. Das Fruchtfleisch mit einem Löffel aus der Schale lösen, in eine kleine Schüssel geben und mit einer Gabel zu feinem Mus zerdrücken. Die rote Chili entkernen, waschen und fein würfeln. Die grüne Chili waschen und in feine Ringe schneiden. Nach Belieben den Knoblauch schälen und sehr fein würfeln oder durch eine Knoblauchpresse drücken.

2 Rote Chili, Knoblauch, Limettensaft und -schale zum Avodacomus geben. Gut durchrühren und mit Salz und Pfeffer abschmecken. Mit grünen Chilischotenringen dekorieren. Dazu nach Belieben Gemüsesticks, Nachos oder Cracker zum Dippen mitnehmen.

Für 2 Snack-Portionen
Zubereitung: 10 Minuten
+ 24 Stunden Einweichzeit
+ 1 Stunde Kochzeit

125 g getrocknete Kichererbsen
1 Knoblauchzehe
1 EL Zitronensaft
1 EL Tahin (Sesampaste)
Salz
1 Msp. Paprikapulver, plus etwas mehr zum Dekorieren
frisch gemahlener Pfeffer
4 EL Olivenöl, plus etwas mehr zum Beträufeln

HUMMUS

1 Die Kichererbsen 24 Stunden mit Wasser bedeckt einweichen. Abgießen, in einem Topf mit leicht gesalzenem Wasser bedecken und zugedeckt bei schwacher Hitze etwa 1 Stunde köcheln lassen, bis sie weich sind. In ein Sieb abgießen. Den Knoblauch schälen und durchpressen.

2 Die Kichererbsen mit Knoblauch, Zitronensaft, Tahin, ½ TL Salz, Paprikapulver sowie etwas Pfeffer in einen hohen Rührbecher geben und mit dem Stabmixer pürieren. Dabei nach und nach so viel Öl untermixen, bis eine glatte, geschmeidige Creme entstanden ist. Den Hummus in eine Lunchbox füllen. Mit einem Löffel eine Spirale in die Oberfläche ziehen, etwas Öl hineinträufeln und mit Paprikapulver dekorieren. Passt gut zu Fladenbrot.

TIPP Eingeweichte, frisch gekochte Kichererbsen sind aromatischer und fester als Dosenware. Soll es jedoch einmal schnell gehen, kann man natürlich auch Kichererbsen aus der Dose verwenden. Dann benötigen Sie die doppelte Menge.

Für 2–3 Snack-Portionen
Zubereitung: 15 Minuten
+ 30 Minuten Garzeit

MÖHRENHERZEN-SUSHI

Für die Sushi-Rollen:
125 g Sushi-Reis
2 Möhren
Salz
1½ EL Reisessig
1½ TL Reissirup oder Zucker
2 Nori-Blätter (siehe Tipp)
geröstete Sesamsamen zum Bestreuen (nach Belieben)

Außerdem:
Bambusmatte zum Rollen (aus dem Asialaden)
Sojasauce zum Dippen
Wasabi zum Würzen
eingelegter Ingwer zum Dazureichen

1 Den Reis in einem Sieb unter fließendem kaltem Wasser waschen, bis das Wasser klar bleibt. Gut abtropfen lassen. In einem Topf mit kaltem Wasser bedecken, aufkochen und zugedeckt etwa 15 Minuten bei schwacher Hitze köcheln lassen. Den Herd ausschalten und den Reis weitere 15 Minuten ausquellen lassen.

2 Währenddessen die Möhren schälen. Jeweils der Länge nach an den Seiten schmaler werdend zuschneiden, im Querschnitt hat die Möhre nun eine Tropfenform. Auf der breiteren Seite der Länge nach mittig eine Kerbe hineinschneiden und jeweils seitlich davon zwei Rundungen ausschneiden, sodass eine Herzform entsteht. Die Möhren in kochendem Salzwasser 5–10 Minuten bissfest garen.

3 Den Essig mit Sirup oder Zucker und ¾ TL Salz verrühren. Die Marinade unter den noch warmen Reis mischen. Den Sushi-Reis abkühlen lassen. Die Möhren abtropfen lassen und trocken tupfen.

4 Auf einer Bambusmatte 1 Nori-Blatt ausbreiten. Mit angefeuchteten Fingern die Hälfte des Reises darauf verteilen, dabei am oberen Rand 2 cm frei lassen. 1 Möhre am unteren Rand anlegen und das Blatt vorsichtig aufrollen. Den freien Streifen mit Wasser benetzen und andrücken. Mit dem zweiten Nori-Blatt, restlichem Reis und übriger Möhre ebenso verfahren. Die Rollen mit einem scharfen Messer in Stücke schneiden und nach Belieben mit Sesam bestreuen. Sushi, Sojasauce, Wasabi und Ingwer separat verpackt mitnehmen.

TIPP

Nori-Blätter gibt es in unterschiedlichen Größen zu kaufen. Die Länge der Möhre sollte der des Nori-Blattes entsprechen. Wer es würziger mag, kocht die Möhren am Vortag und legt sie über Nacht in Sojasauce ein. Vor der Weiterverarbeitung trocken tupfen.

Für 2–3 Snack-Portionen
Zubereitung: 35 Minuten
+ 30 Minuten Garzeit

RÄUCHERTOFU-GEMÜSE-SUSHI

Asiatische Gerichte eignen sich besonders gut für die Lunchbox. Hier wird gerollt – mit Gurke, Pastinake, Räuchertofu und Avocado. Die Wasabi-Paste verleiht einen Schärfe-Kick. Praktisch zum Transportieren, praktisch zum Essen und Dippen. Das perfekte Finger- und Stäbchenfood. Und das Beste daran: Gesund ist es auch noch!

Für die Sushi-Rollen:
250 g Sushi-Reis
½ Salatgurke
1½ Pastinaken
100 g Räuchertofu
½ Avocado
25 ml Reisessig
1 EL Rohrohrzucker
½ TL Meersalz
1 EL Rapsöl
1 EL Sojasauce
2 Nori-Blätter
Wasabi-Paste für die Füllung

Außerdem:
Bambusmatte (aus dem Asialaden)
Sojasauce zum Dippen
süßsaure Chilisauce zum Dippen

1 Den Reis in einem Sieb unter fließendem kaltem Wasser waschen, bis das Wasser klar bleibt. Gut abtropfen lassen. In einem Topf mit kaltem Wasser bedecken, aufkochen und zugedeckt etwa 15 Minuten bei schwacher Hitze köcheln lassen. Den Herd ausschalten und den Reis weitere 15 Minuten ausquellen lassen.

2 Inzwischen Gurke und Pastinaken schälen und in gleichmäßige, feine Streifen schneiden. Den Räuchertofu ebenfalls in feine Streifen schneiden. Aus der Avocadohälfte den Stein entfernen. Das Fruchtfleisch vorsichtig mit einem Löffel als ganzes Stück herauslösen und in Streifen schneiden.

3 Den Essig mit Zucker sowie Salz in einer Schüssel verrühren. Die Marinade unter den noch warmen Reis mischen. Das Öl in einer Pfanne erhitzen und Räuchertofu sowie Pastinaken darin bei mittlerer Hitze kurz andünsten. Mit der Sojasauce ablöschen.

4 Auf einer Bambusmatte 1 Nori-Blatt ausbreiten. Die Hälfte vom Reis etwa 0,5 cm hoch darauf verteilen und in der Mitte mit dem Daumen eine Vertiefung hineinziehen. In die untere Hälfte der Vertiefung wenig Wasabi-Paste füllen. Die gesamte Vertiefung gleichmäßig mit der Hälfte der Gurken-, Pastinaken-, Räuchertofu- und Avocadostreifen belegen. Vorsichtig aufrollen, leicht zusammendrücken und mit etwas Wasser bestreichen. Mit dem zweiten Nori-Blatt und den restlichen Füllungszutaten ebenso verfahren. Die Rollen mit einem sehr scharfen, angefeuchteten Messer in Stücke schneiden. Die Sushi-Röllchen und die Saucen zum Dippen separat verpackt mitnehmen.

Für 2–3 Snack-Portionen (5 Rollen)
Zubereitung: 30 Minuten + 12 Stunden Marinierzeit

SOBA-NUDEL-SOMMERROLLEN
MIT TOFU UND KORIANDER

Für die Nudelrollen:
150 g Tofu
1 gehäufter EL rote Currypaste
1 EL Orangensaft
etwa 2 EL Olivenöl zum Braten
Salz
frisch gemahlener Pfeffer
50 g Green-Tea-Soba-Nudeln (alternativ einfache Soba-Nudeln)
¼ Salatgurke
1 Möhre
1 kleines Bund Koriander
5 Reispapierblätter (à 22 cm Ø)

Für den Thai-Peanutbutter-Dip:
2 gestrichene EL crunchy Erdnussbutter
1 EL Sojasauce
1½ EL Sesamöl
1 TL Agavensirup
1 TL Sesamsamen
1 TL Korianderblättchen zum Dekorieren

1 Den Tofu abtropfen lassen und mit Küchenpapier gut trocken tupfen. In Sticks schneiden und in eine flache Schüssel legen. Currypaste mit Orangensaft in einer kleinen Schüssel glatt rühren. Die Tofu-Sticks gleichmäßig mit der Currymischung übergießen und 12 Stunden im Kühlschrank marinieren. Die Tofu-Sticks gut abtropfen lassen. Das Öl in einer Pfanne erhitzen und die Sticks darin bei starker Hitze auf allen Seiten anbraten. Auf Küchenpapier abtropfen lassen und kräftig mit Salz und Pfeffer würzen. Abkühlen lassen.

2 Währenddessen die Soba-Nudeln in Salzwasser 6 Minuten kochen, in ein Sieb abgießen und mit kaltem Wasser abschrecken. Gurke sowie Möhre schälen und in feine Sticks schneiden. Den Koriander waschen und trocken schütteln, die Blätter abzupfen.

3 In einer flachen Schüssel mit sehr warmem Wasser 1 Reispapierblatt etwa 1–2 Minuten einweichen. Vorsichtig auf einer sauberen Arbeitsfläche ausbreiten. Mittig zuerst mit einem Fünftel des Gemüses belegen, darauf ein Fünftel der Soba-Nudeln und schließlich ein Fünftel der Tofu-Sticks und der Korianderblätter daraufschichten. Die linke und rechte Reispapierseite über die Füllung klappen. Das untere Ende nach oben ziehen und das Päckchen von unten aufrollen. Mit den übrigen 4 Blättern und der übrigen Füllung genauso verfahren.

4 Für den Dip Erdnussbutter, Sojasauce, Öl und Agavensirup in einer Schüssel verquirlen. Die Sesamsamen in einer Pfanne ohne Fett anrösten, im Mörser leicht zerstoßen und den Großteil davon unter den Dip ziehen. Mit den restlichen Sesamsamen und Korianderblättern dekorieren. Rollen und Dip separat verpackt mitnehmen.

TIPP Beim Gemüse kann nach Belieben variiert werden. Statt des Korianders schmeckt Minze vor allem im Sommer sehr erfrischend.

Für 2–3 Snack-Portionen (8–10 Rollmöpse)
Zubereitung: 30 Minuten
+ 2–3 Tage Marinierzeit

AUBERGINEN-ROLLMÖPSE

Das hat bestimmt niemand in der Lunchbox! Diese außergewöhnlichen Auberginen-Rollmöpse beweisen nur zu gut: Pflanzliche Snacks sind unglaublich vielseitig und noch dazu ausgefallen schön. Die würzige Marinade versorgt die Aubergine mit dem besten Geschmack. Egal ob aufs Brot, einfach pur aus dem Glas oder zum Verschönern und Verfeinern von Salaten oder anderen Gerichten – dieser Rollmops ist Genuss mit gutem Gewissen.

Für die Marinade:
175 ml Essig (10 % Säure)
3 EL Zucker
25 g Salz
6–8 Wacholderbeeren
schwarze Pfefferkörner (nach Belieben)
3–4 Lorbeerblätter

Für die Rollmöpse:
2 mittelgroße Auberginen
Salz
1 Zwiebel
3 Gewürzgurken
1 EL mittelscharfer Senf
1 TL Meersalz
1 TL frisch gemahlener Pfeffer

1 Für die Marinade 500 ml Wasser mit Essig, Zucker, Salz, Wacholderbeeren, Pfeffer nach Belieben und Lorbeerblättern in einem Topf aufkochen, anschließend beiseitestellen.

2 Für die Rollmöpse die Auberginen waschen und ohne den Stielansatz längs in 0,5–1 cm dicke Scheiben schneiden. Die Scheiben auf beiden Seiten salzen, auf eine dicke Lage Küchenpapier legen und 10 Minuten mit einem Holzbrett beschwert ruhen lassen, um dem Gemüse die Flüssigkeit zu entziehen.

3 Stark gesalzenes Wasser in einem großen Topf aufkochen und die Auberginenscheiben darin bei mittlerer Hitze 5 Minuten kochen. Die Scheiben mit einem Schaumlöffel aus dem Wasser nehmen und abtropfen lassen. Die Zwiebel schälen und in dünne Streifen schneiden. Die Gurken ebenfalls in Streifen schneiden.

4 Die Auberginenscheiben mit Senf bestreichen, mit Meersalz und Pfeffer würzen und jeweils mit Gurken- und Zwiebelstreifen belegen. Aufrollen und mit einem Zahnstocher feststecken. Die Rollmöpse in ein großes Twist-off-Glas schichten, mit der warmen Marinade bedecken und 2–3 Tage marinieren.

Für 2 Snack-Portionen (8 kleine Taler)
Zubereitung: 30 Minuten
+ 12 Stunden Durchziehzeit

BROKKOLITALER
AUF MANGO-AVOCADO-SALSA

1 Für die Salsa die Tomaten waschen, halbieren, von Stielansätzen sowie Samen befreien und fein würfeln. Mango und Avocado schälen und die Steine entfernen, das Fruchtfleisch ebenfalls fein würfeln. Die Chili längs halbieren, entkernen, waschen und in feine, kurze Streifen schneiden. Die Zwiebel schälen und fein hacken. Die vorbereiteten Zutaten in einer Schüssel mit den Korianderblättern mischen. Mit Limettensaft, Agavendicksaft und Salz abschmecken. Die Salsa 12 Stunden im Kühlschrank durchziehen lassen.

2 Für die Taler die Brokkoliröschen waschen und hacken, die Zwiebel schälen und hacken. Die Zutaten mit den Korianderblättern in einem Mixer glatt pürieren und in eine Schüssel geben.

3 Kichererbsenmehl in einer Schüssel mit Curry, Kreuzkümmel, Ingwer, Chilipulver, Salz, Pfeffer und Leinsamen mit einem Schneebesen vermischen. Die trockene Mischung zur Brokkolimischung geben und alles mit den Händen zu einem festen Teig verkneten. Den Teig in acht Portionen teilen und kleine, flache Taler daraus formen.

4 Das Öl in einer Pfanne erhitzen und die Taler darin bei mittlerer Hitze auf beiden Seiten – gegebenenfalls portionsweise – goldbraun braten. Brokkolitaler und Salsa separat verpackt mitnehmen. Die Taler schmecken warm oder kalt.

Für die Salsa:
2 Tomaten
½ kleine Mango
½ kleine Avocado
1 kleine rote Chilischote
1 kleine rote Zwiebel
1 EL fein gehackte Korianderblätter
1 EL Limettensaft
1 TL Agavendicksaft
½ TL Salz

Für die Brokkolitaler:
100 g Brokkoliröschen
1 kleine rote Zwiebel
1 EL fein gehackte Korianderblätter
3 EL Kichererbsenmehl
1 Msp. Currypulver
1 Msp. gemahlener Kreuzkümmel
1 Prise gemahlener Ingwer
1 Prise Chilipulver
½ TL Salz
1 Prise frisch gemahlener Pfeffer
1 EL gemahlene Leinsamen
5 EL Olivenöl

TIPP

Wer keine Avocado mag, kann eine reine Mango-Salsa zubereiten. Dafür einfach die Avocado weglassen und die Mangomenge verdoppeln.

Für 10 Kugeln
Zubereitung: 15 Minuten
+ 40 Minuten Kühlzeit

TIPP

Nougat wird bei Zimmertemperatur oder in der Hand schnell weich; deshalb die Masse zunächst mithilfe von zwei Teelöffeln vorformen und anschließend mit den Händen lediglich abrunden.

90 g Mandelblättchen
150 g fester veganer Nougat
30 g Haselnusskrokant
80 g vegane Zartbitterschokolade
½ EL Kokosöl

SUPER CRUNCHY MANDEL-NUSS-KUGELN

1 Die Mandelblättchen in einer Pfanne ohne Fett goldbraun rösten. Zeitgleich den Nougat in einer Schüssel über einem Wasserbad erwärmen. Die gerösteten Mandelblättchen in einer kleinen Schüssel fein zerbröseln und mit dem Krokant mischen. Gleichmäßig unter den Nougat ziehen und die Mischung etwa 20 Minuten kalt stellen.

2 Sobald die Nougatmasse fest wird, aber noch leicht formbar ist, zehn Kugeln daraus formen. Die Kugeln nochmals 20 Minuten kalt stellen und fest werden lassen. Die Zartbitterschokolade mit dem Öl in einer Schüssel über dem Wasserbad schmelzen. Die Kugeln mithilfe einer Gabel durch die Schokolade ziehen und auf ein Pralinengitter, alternativ auf ein Kuchengitter, setzen. Sofort in den Kühlschrank stellen und dort bis zum Verzehr oder Verpacken aufbewahren.

Für 10 Bällchen
Zubereitung: 15 Minuten
+ 1–2 Stunden Kühlzeit

20 g Kokosöl
15 g knusprige vegane Schokocerealien
100 g Dattelpaste (aus dem Bioladen)
50 g gemahlene Haselnüsse
50 g gemahlene Mandeln
30 g Kokosraspel

ENERGIEBÄLLCHEN MIT KAKAO-CRISP

1 Das Öl in einem kleinen Topf bei schwacher Hitze erwärmen. Die Schokocerealien etwas zerkleinern und mit Öl, Dattelpaste, Haselnüssen sowie Mandeln verkneten, bis eine gleichmäßige, formbare Masse entstanden ist.

2 Die Kokosraspel auf einen Teller geben. Aus der Dattel-Nuss-Masse zehn Kugeln formen und in den Kokosraspeln wälzen, dabei die Kokosraspel leicht andrücken. Die Energiebällchen 1–2 Stunden kalt stellen.

HEISS & KALT

SUPPEN UND SALATE

AUS ALLER WELT

CREMESUPPEN, EINTÖPFE & SALATE

Für 1 große oder 2 kleine Lunchbox-Portionen
Zubereitung: 30 Minuten
+ 2 Stunden Kühlzeit

GAZPACHO

Südspanische und portugiesische Tradition in Suppenform! Die kalte Suppe, die viele Nährstoffe liefert, wird traditionell aus ungekochtem Gemüse und Weißbrot zubereitet. Tomaten, Zwiebel, Paprika und Gurke treffen aufeinander, der gesunde Ingwer spielt ebenfalls mit. Gazpacho ist perfekt für heiße Sommertage – im isolierten Behälter transportiert eine kühlende und sättigende Mahlzeit.

3 dicke Scheiben Weißbrot
7 reife Tomaten (etwa 500 g)
1 kleine Zwiebel
1 Knoblauchzehe (nach Belieben)
1 Stück Ingwer (1,5 cm)
1 rote Paprikaschote
½ Salatgurke
250 ml Tomatensaft
1 EL Limettensaft
2½ EL Olivenöl, plus etwas mehr für die Suppe
1 EL Rotweinessig
1 TL edelsüßes Paprikapulver
½ TL Meersalz
frisch gemahlener Pfeffer
1 Prise Rohrohrzucker
1 EL fein geschnittene Basilikumblätter

1 Das Weißbrot entrinden und grob würfeln. Die Brotwürfel in lauwarmem Wasser einweichen. Die Tomaten jeweils über Kreuz einschneiden, mit kochendem Wasser übergießen, in Eiswasser abschrecken, häuten, vierteln, Stielansätze und Samen entfernen. Zwiebel, nach Belieben Knoblauch sowie Ingwer schälen und fein würfeln.

2 Die Paprika längs halbieren, von Stielansatz und Samen befreien und waschen. Die Gurke schälen, längs halbieren und entkernen. Jeweils etwa ein Viertel der Paprika und der Gurke in sehr kleine Würfel schneiden, den Rest grob würfeln. Die kleinen Würfel in eine Schale geben und beiseitestellen.

3 Die Brotwürfel sehr gut ausdrücken. Mit Tomaten, Zwiebel, Knoblauch, Ingwer, grob gewürfeltem Gemüse, Tomatensaft, Limettensaft, Öl und Essig in einem Mixer fein pürieren. Mit Paprikapulver, Salz, Pfeffer und Zucker abschmecken. So viel Öl oder Wasser dazugeben, bis die Suppe die gewünschte Konsistenz hat. Etwa 2 Stunden (oder über Nacht) kalt stellen. Separat verpackt mitnehmen und zum Servieren mit den kleinen Gemüsewürfeln und dem Basilikum bestreuen. Oder alles schon vor dem Transport verrühren.

Für 2 große oder 4 kleine Lunchbox-Portionen
Zubereitung: 30 Minuten
+ 20 Minuten Kochzeit

KÜRBISSUPPE
MIT KARAMELLISIERTEM INGWER

2 Kartoffeln
1 Zwiebel
1 Knoblauchzehe
1 Stück Ingwer (3 cm)
1 kleiner Hokkaido-Kürbis (500 g)
Öl zum Braten
600 ml heiße Gemüsebrühe
100 ml Kokosmilch
½ TL Meersalz
1 Prise frisch gemahlener Pfeffer
1 Prise frisch geriebene Muskatnuss
1 Prise gemahlener Zimt
40 g Rohrohrzucker
2 TL vegane saure Sahne
3 EL grob gehackte glatte Petersilie

1 Kartoffeln, Zwiebel, Knoblauch sowie etwa ein Drittel des Ingwers schälen und in grobe Würfel schneiden. Den Kürbis waschen und halbieren, das weiche Innere und die Kerne entfernen. Den Kürbis mit Schale ebenfalls grob würfeln. Das Öl in einem Topf erhitzen und die gewürfelten Zutaten darin bei mittlerer Hitze anbraten. Mit der Brühe übergießen und alles in etwa 10 Minuten weich garen.

2 Die Gemüsewürfel in der Brühe mit einem Stabmixer pürieren. Kokosmilch, Salz, Pfeffer, Muskat und Zimt unterrühren und alles bei schwacher Hitze 5–10 Minuten weiterköcheln lassen.

3 Währenddessen den Zucker in einer Pfanne bei mittlerer Hitze vorsichtig karamellisieren. Den übrigen Ingwer (2 cm) schälen, in Juliennestreifen schneiden und im Zucker leicht karamellisieren lassen. Aus der Pfanne nehmen und abkühlen lassen.

4 Die Suppe abkühlen lassen und kalt stellen. Suppe, Ingwerstreifen, saure Sahne und Petersilie separat verpackt mitnehmen. Zum Servieren die Suppe kurz erwärmen, je einen Klecks saure Sahne unterrühren und Petersilie sowie Ingwerstreifen daraufstreuen.

TIPP

Falls Sie am Arbeitsplatz keine Möglichkeit haben, die Suppe aufzuwärmen, können Sie diese schon zu Hause erhitzen und in einem Isolierbecher transportieren.

Für 2 große oder 4 kleine Lunchbox-Portionen
Zubereitung: 20 Minuten
+ 10 Minuten Kochzeit

- 500 g Brokkoli
- 1 kleine Zwiebel
- 1 EL Rapsöl
- ½ EL vegane Margarine
- 1 EL Mehl (Type 550)
- 1½ EL Weißwein
- 500 ml Gemüsebrühe
- 100 g Hafersahne
- ½ TL Meersalz
- 1 Prise frisch gemahlener weißer Pfeffer
- 1 Prise frisch geriebene Muskatnuss
- 2 TL Mandelblättchen

BROKKOLI-CREMESUPPE

1 Den Brokkoli waschen, vom Strunk befreien, in Röschen teilen und diese in gleich große Stücke schneiden. Die Zwiebel schälen und fein würfeln. Das Öl in einer großen Pfanne mit hohem Rand erhitzen und die Zwiebel darin bei mittlerer Hitze anschwitzen. Margarine und Brokkoli dazugeben, mit Mehl bestäuben und unter Rühren etwa 2 Minuten anschwitzen, bis das Mehl mit den anderen Zutaten gebunden ist (es darf nicht braun werden). Mit Wein ablöschen, nach und nach unter Rühren die Brühe dazugeben. Die Sahne hinzufügen und den Brokkoli in 5–10 Minuten weich garen. Mit einem Stabmixer pürieren und die Suppe mit Salz, Pfeffer und Muskat abschmecken.

2 Die Mandelblättchen in einer Pfanne ohne Fett anrösten. Zum Servieren die Suppe kurz erwärmen und mit Mandelblättchen bestreuen oder diese schon vor dem Transport unter die Suppe rühren.

Für 2 große oder 4 kleine Lunchbox-Portionen
Zubereitung: 10 Minuten
+ 20 Minuten Kochzeit

- 6 Möhren (etwa 500 g)
- ½ Pastinake (etwa 100 g)
- ½ Süßkartoffel (etwa 250 g)
- 1 Stück Ingwer (1,5 cm)
- 500 ml Gemüsebrühe
- ½ TL Salz
- 1 Prise frisch gemahlener weißer Pfeffer
- 1 Prise gemahlener Koriander
- 1 Prise frisch geriebene Muskatnuss
- 2 TL Sesamsamen
- 50 g vegane saure Sahne

MÖHREN-CREMESUPPE

1 Möhren schälen und in dünne Scheiben schneiden, Pastinake und Süßkartoffel schälen und in etwa 1 cm große Würfel schneiden. Den Ingwer schälen und fein hacken. Die Brühe in einem Topf zum Kochen bringen und Möhren, Pastinake, Süßkartoffel sowie Ingwer darin zugedeckt bei schwacher Hitze 20 Minuten weich garen.

2 Nach Belieben einige Möhrenscheiben aus dem Topf nehmen und beiseitestellen. Das restliche Gemüse in der Brühe mit einem Stabmixer pürieren, dann die beiseitegestellten Möhrenscheiben wieder dazugeben. Die Suppe mit Salz, Pfeffer, Koriander und Muskat abschmecken, abkühlen lassen und kalt stellen.

3 Die Sesamsamen in einer Pfanne ohne Fett anrösten. Die Sesamsamen nach Belieben schon vor dem Transport unter die Suppe rühren, saure Sahne separat verpackt mitnehmen. Zum Servieren die Suppe kurz erwärmen, gegebenenfalls mit Sesam bestreuen und einen Klecks saure Sahne daraufgeben.

Für 2 große Lunchbox-Portionen
Zubereitung: 10 Minuten
+ 40 Minuten Kochzeit

OMAS GRAUPENEINTOPF

Aus Erfahrung weiß man: Bei Oma gibt es immer das beste Essen. Was unsere Großmütter damals mit Speck zubereitet haben, gibt es hier in der pflanzlichen Variante mit feinen Räuchertofuwürfeln. Eine wärmende und sattmachende Suppe, die mit kleinen, runden Perlgraupen, Kartoffeln, Sellerie, Möhren und Lauch aufwartet. Liebstöckel sorgt fürs würzige Drumherum. Genießen ist die Devise!

2 mittelgroße Möhren
1 kleines Stück Knollensellerie
300 g festkochende Kartoffeln
1 Lauchstange
2 EL Öl
100 g Perlgraupen
1 l Gemüsebrühe
2–3 Stängel Liebstöckel
200 g Räuchertofu
Salz
frisch gemahlener Pfeffer

1 Die Möhren schälen, längs halbieren und in Scheiben schneiden. Sellerie sowie Kartoffeln schälen und in mundgerechte Würfel schneiden. Den Lauch waschen und die äußeren Blätter sowie den Wurzelansatz entfernen, die Stange in Ringe schneiden.

2 In einem großen Topf 1 EL Öl erhitzen und Möhren, Sellerie, Kartoffeln sowie Lauchringe darin anbraten. Die Graupen dazugeben und alles kurz weiterbraten. Mit der Gemüsebrühe aufgießen und den Liebstöckel dazugeben. Alles bei mittlerer Hitze 40 Minuten garen. Zwischendurch einmal umrühren und darauf achten, dass noch genug Flüssigkeit vorhanden ist, sonst etwas Wasser angießen.

3 Inzwischen den Tofu in grobe Würfel schneiden. Das restliche Öl (1 EL) in einer Pfanne erhitzen und den Tofu darin bei mittlerer Hitze von allen Seiten goldbraun braten.

4 Den Liebstöckel aus dem Eintopf entfernen und die Tofuwürfel unterrühren. Den Eintopf mit Salz und Pfeffer abschmecken, abkühlen lassen und kalt stellen. Zum Servieren kurz erwärmen.

Für 2 große oder 4 kleine Lunchbox-Portionen
Zubereitung: 25 Minuten

PIKANTES QUINOA-CHILI

Was das eiweißreiche Gänsefußgewächs Quinoa alles kann! Hier ist es der Hauptdarsteller in einem pikanten Chili und trifft auf Paprika, Tomaten, Mais, Kidneybohnen und andere feine Dinge. Chili ist für die Lunchbox prädestiniert, denn es lässt sich perfekt am Vortag zubereiten und schmeckt meistens nach dem Durchziehen am nächsten Tag noch einen Tick besser.

100 g Quinoa
250 ml Gemüsebrühe
½ grüne Paprikaschote
1 rote Chilischote
1 kleine Zwiebel
1 Knoblauchzehe
1½ EL Olivenöl
2½ EL Tomatenmark
1 kleine Dose gehackte Tomaten (425 g)
1 kleine Dose Mais (140 g)
½ Dose Kidneybohnen (125 g)
1 EL Limettensaft
je 1 Prise Meersalz, frisch gemahlener weißer Pfeffer, Chilipulver, getrockneter Oregano und gemahlener Kreuzkümmel
1 TL Ahornsirup

1 Die Quinoa in einem Sieb abbrausen, bis das Wasser klar bleibt, und nach Packungsangabe in der Brühe in etwa 15 Minuten gar kochen. In ein Sieb abgießen, mit kaltem Wasser abbrausen, abtropfen lassen und beiseitestellen. Paprika und Chili längs halbieren, entkernen und waschen. Die Paprika in mundgerechte Würfel, die Chili fein schneiden. Zwiebel und Knoblauch schälen und fein würfeln.

2 Das Öl in einer großen Pfanne erhitzen und Paprika, Chili, Zwiebel sowie Knoblauch darin bei mittlerer Hitze andünsten. Das Tomatenmark dazugeben und kurz mitdünsten. Die Tomaten hinzufügen und alles bei mittlerer Hitze 5 Minuten köcheln lassen.

3 Mais und Bohnen in ein Sieb abgießen, mit kaltem Wasser abbrausen und mit der Quinoa unter die Tomatensauce heben. Alles 5 Minuten weiterköcheln lassen. Mit Limettensaft, Salz, Pfeffer, Chilipulver, Oregano, Kreuzkümmel und Ahornsirup pikant abschmecken. Chili abkühlen lassen, kalt stellen und zum Servieren kurz erhitzen.

TIPP

Dazu passt Baguette oder eine im Ofen gebackene Süßkartoffel. Dafür den Backofen auf 180 °C vorheizen. Die Süßkartoffel ungeschält waschen, trocken tupfen, auf ein Backblech legen und mit 1 EL Salz bestreuen. Im Ofen auf der mittleren Schiene 40–45 Minuten backen. Zum Servieren die gebackene Süßkartoffel einschneiden, die Hälften auseinanderdrücken, aber nicht trennen, etwas aushöhlen und mit dem Quinoa-Chili füllen.

Jeweils für 1 Salat
Zubereitung: jeweils 10 Minuten + Durchziehzeit

DRESSINGS & DIPS

Diese Kollegen lassen alles mit sich machen: Die Vinaigrette, das Saure-Sahne-Petersilien-Dressing, das Joghurt-Walnuss-Dressing oder das Thousand-Island-Dressing laden frische Salate der Saison zum fein-würzigen Kick-off-Meeting ein. Cremige Dips wie Mayonnaise und Remoulade geben Kartoffeln, Gemüse, Burgern, Wraps oder Falafel den letzten Schliff.

VINAIGRETTE

- 1 kleine Schalotte
- 3 EL Essig (z. B. Weißwein-, Rotwein- oder Kräuteressig)
- ½ TL Meersalz
- 1 Prise frisch gemahlener weißer Pfeffer
- 1 Prise Rohrohrzucker
- 1 Msp. mittelscharfer Senf
- 9 EL Öl (z. B. Sonnenblumen-, Distel- oder Olivenöl)

Die Schalotte schälen und fein würfeln. Mit Essig, Salz, Pfeffer, Zucker und Senf in einer Schüssel verrühren. Das Öl nach und nach unter Rühren dazufließen lassen und alles glatt verrühren.

TIPP Das Verhältnis von Essig zu Öl sollte bei einer Vinaigrette immer 1:3 betragen, damit die Sauce nicht zu sauer wird.

SAURE-SAHNE-PETERSILIEN-DRESSING

- 150 g vegane saure Sahne
- 1 EL Dijon-Senf
- ½ Bund glatte Petersilie
- 1 TL Leinöl
- 1 EL Olivenöl
- 1 Prise Meersalz
- 1 Prise frisch gemahlener Pfeffer
- 1 TL Agavendicksaft

Die saure Sahne in einer Schüssel mit dem Senf verrühren. Die Petersilie waschen, trocken schütteln, fein hacken und unter die Sahne-Senf-Mischung heben. Lein- und Olivenöl nach und nach unterrühren. Das Dressing mit Salz, Pfeffer und Agavendicksaft abschmecken.

TIPP Für eine pikante Note im Dressing sorgen einige Tropfen Habanero- oder Tabascosauce.

SCHNELLES JOGHURT-WALNUSS-DRESSING

- ½ Bund Schnittlauch
- 250 g Sojajoghurt
- Saft von ½ Zitrone
- 1 EL Walnussöl
- 1 Prise Meersalz
- 1 Prise frisch gemahlener Pfeffer
- 1 Prise Rohrohrzucker

Den Schnittlauch waschen, trocken schütteln und in feine Röllchen schneiden. Sojajoghurt, Zitronensaft und Öl mit einem Schneebesen glatt rühren und den Schnittlauch unterziehen. Das Dressing mit Salz, Pfeffer und Zucker abschmecken.

MAYONNAISE

250 ml Sojamilch
200 ml Öl
2 EL Weißweinessig
1 TL Salz
1 EL Senf
100 g mehligkochende Kartoffeln, vorgegart und zerdrückt
je 1 Prise frisch gemahlener weißer Pfeffer, Rohrohrzucker und Currypulver (nach Belieben)
1 TL Zitronensaft (nach Belieben)

Die Sojamilch mit 100 ml Öl in einem Mixer glatt verrühren. Essig, Salz und Senf dazugeben und alles nochmals mixen. Das restliche Öl (100 ml) bei laufendem Mixer langsam einfließen lassen. Dann die Kartoffeln untermixen, bis eine cremige Sauce entstanden ist. Nach Belieben mit Pfeffer, Zucker, Currypulver und Zitronensaft abschmecken. Bis zur weiteren Verwendung in den Kühlschrank stellen.

TIPP Die Mayonnaise ist im Kühlschrank 7–10 Tage haltbar. Sie schmeckt gut zu den Kartoffeltalern (siehe Seite 25), den Grünkohl-Chips (siehe Seite 29) und rundet Sandwiches und Burger ab (siehe Seite 94–102).

REMOULADE

1 Grundrezept vegane Mayonnaise (siehe oben)
2 EL Gurkenrelish (aus dem Glas)
1 TL fein gehackte Kapern (aus dem Glas)
1 Prise getrockneter Kerbel
1 Prise getrockneter Estragon
½ Bund Schnittlauch
Salz
frisch gemahlener Pfeffer

Mayonnaise, Gurkenrelish, Kapern, Kerbel und Estragon in einer kleinen Schüssel glatt verrühren. Den Schnittlauch waschen, trocken schütteln, in feine Röllchen schneiden und unter die Remoulade heben. Remoulade mit Salz und Pfeffer abschmecken und kalt stellen.

TIPP Die Remoulade lässt sich außerdem mit Zwiebelwürfelchen verfeinern und schmeckt etwa zum gerösteten Blumenkohl (siehe Seite 26), zu Wraps (siehe Seite 109–112) oder zu Quinoa-Bällchen (siehe Seite 132).

THOUSAND-ISLAND-DRESSING

¼ grüne Paprikaschote
¼ rote Chilischote
1 Gewürzgurke
½ Bund glatte Petersilie
100 g vegane Mayonnaise (siehe oben)
150 g Sojajoghurt
3 EL Tomatenketchup
2 EL Hafersahne
4 Tropfen Sambal oelek
2 TL Limettensaft
½ TL Meersalz
½ TL frisch gemahlener weißer Pfeffer

Paprika und Chili entkernen, waschen und sehr fein würfeln. Die Gewürzgurke ebenfalls fein würfeln. Die Petersilie waschen, trocken schütteln und fein hacken. Die Mayonnaise in einer Schüssel mit Sojajoghurt, Ketchup und Sahne glatt rühren. Mit Sambal oelek, Limettensaft, Salz und Pfeffer pikant abschmecken. Paprika, Chili, Gurke und Petersilie unter die Mayonnaise-Mischung heben. Das Thousand-Island-Dressing 30 Minuten durchziehen lassen und nochmals abschmecken. Bis zur Verwendung kalt stellen.

MAYONNAISE
SAURE-SAHNE-PETERSILIEN-DRESSING
THOUSAND-ISLAND-DRESSING

SCHNELLES
JOGHURT-WALNUSS-
DRESSING
VINAIGRETTE
REMOULADE

Für 1 große oder 2 kleine Lunchbox-Portionen
Zubereitung: 20 Minuten
+ 12 Stunden Marinierzeit

GRIECHISCHER BAUERNSALAT

Für den »Feta«:
1 kleine rote Zwiebel
1 Knoblauchzehe (nach Belieben)
1 Spritzer Zitronensaft
100 ml Olivenöl
1 EL Kräuteressig
1 TL Meersalz
1 TL gemahlener bunter Pfeffer
1 EL Kräuter der Provence
1 Prise Chilipulver
250 g Räuchertofu

Für den Salat:
½ Salatgurke
1 große Fleischtomate
1 rote Zwiebel
2 kleine gelbe Paprikaschoten
2 EL Oreganoblätter
50 g entsteinte schwarze Oliven
1 TL Zitronensaft
½ TL Agavendicksaft
1 TL Olivenöl
1 TL Weißweinessig
½ TL Meersalz
1 Prise frisch gemahlener Pfeffer

1 Für den **»Feta«** Zwiebel und Knoblauch (nach Belieben) schälen und fein hacken. In einer Schüssel mit Zitronensaft, Öl, Essig, Salz, Pfeffer, Kräutern der Provence und Chilipulver zu einer Marinade verrühren. Den Tofu in 1 cm große Würfel schneiden und mit der Marinade in einen Gefrierbeutel geben. Die Luft aus dem Beutel herausdrücken und diesen fest verschließen. Den Tofu im Kühlschrank 12 Stunden marinieren.

2 Für den Salat die Gurke schälen, halbieren, entkernen und in mundgerechte Stücke schneiden. Die Tomate waschen und ebenfalls in mundgerechte Stücke schneiden, dabei den Stielansatz entfernen. Die Zwiebel schälen, halbieren und in feine Ringe oder Würfel schneiden. Die Paprikas halbieren, entkernen, waschen und in mundgerechte Streifen schneiden. Den Oregano grob hacken. Alle vorbereiteten Salatzutaten mit den Oliven in eine Schüssel geben.

3 Zitronensaft, Agavendicksaft, Öl, Essig, Salz und Pfeffer zu einer würzigen Vinaigrette verrühren und den Salat damit anmachen. Die »Feta«-Würfel darübergeben. Dazu schmeckt frisches Fladenbrot.

TIPP

Die »Feta«-Marinade kann mit Gewürzen aufgefrischt nochmals zum Marinieren von frischem Tofu verwendet werden.

Für 1 große oder 2 kleine Lunchbox-Portionen
Zubereitung: 20 Minuten

PANZANELLA – ITALIENISCHER BROTSALAT

Das schmeckt aber so was von nach Italien! Ein traditioneller Salat, der durch die mit hochwertigem Olivenöl vermengten und gebackenen Brotstücke auch richtig satt macht. Gurke und Kirschtomaten sorgen für den frischen Anteil. Simpel und gut, fehlt nur noch das Meer.

5 Scheiben Baguette (etwa 150 g)
8 EL Olivenöl
½ kleine Salatgurke (etwa 100 g)
5 Kirschtomaten (etwa 150 g)
2 Frühlingszwiebeln
3–4 Stängel Basilikum
2 EL Balsamico-Essig
1 Spritzer Zitronensaft
Salz
frisch gemahlener Pfeffer

1 Den Backofen auf 250 °C vorheizen. Das Baguette in mundgerechte Würfel schneiden und in eine Schüssel geben. 4 EL Öl dazugeben und alles gut mit den Händen vermengen.

2 Ein Backblech mit Backpapier auslegen und das Brot darauf ausbreiten. Im Ofen auf der mittleren Schiene etwa 10 Minuten kross backen. Aus dem Ofen nehmen und abkühlen lassen.

3 Währenddessen die Gurke waschen und in mundgerechte Stücke schneiden. Die Tomaten waschen und halbieren. Die Frühlingszwiebeln waschen, jeweils vom Wurzelansatz befreien und mit dem dunklen Grün in Ringe schneiden. Das Basilikum waschen und trocken schütteln, die Blätter abzupfen. Gurke, Tomate, Frühlingszwiebeln und Basilikum mit den Brotwürfeln vermischen.

4 Das übrige Öl (4 EL) mit Essig, Zitronensaft, Salz und Pfeffer zu einem Dressing verrühren. Dressing und Salat separat transportieren und idealerweise 20 Minuten vor dem Verzehr vermischen, damit das Brot das Dressing aufnehmen kann.

Für 1 große oder 2 kleine Lunchbox-Portionen
Zubereitung: 25 Minuten

SPARGELSALAT ANDALUSISCH

Gleich zwei Sorten des königlichen Gemüses finden in diesem andalusischen Spargelsalat Platz. Grüner und weißer Spargel in einer außergewöhnlichen Kombination, mit fruchtigen Orangen, der süßen Dattel und den fein herben Oliven. Ein fruchtig-pikanter Salat, der in der Lunchbox geschmacklich und optisch Freude bereitet.

- 100 g Seitan
- 250 g weißer Spargel
- 250 g grüner Spargel
- 5 entsteinte Datteln
- 2 kleine Bio-Orangen
- 2 EL Olivenöl
- 50 g entsteinte schwarze Oliven
- 1 EL Balsamico-Essig
- 1 EL Sojasauce
- ½ TL scharfes Paprikapulver
- 1 TL edelsüßes Paprikapulver
- ½ TL Meersalz
- 1 Prise frisch gemahlener Pfeffer
- 1 Prise gemahlener Piment
- 1 EL Limettensaft

1 Den Seitan in 1 cm große Stücke schneiden. Beide Spargelsorten waschen. Die weißen Spargelstangen ganz, die grünen im unteren Drittel schälen, dabei jeweils die holzigen Enden abschneiden. Die Stangen schräg in 4 cm lange Stücke schneiden und die Spargelköpfe beiseitelegen. Die Datteln fein schneiden. 1 Orange heiß waschen und trocken reiben, die Schale abreiben oder in feinen Zesten abziehen. Beide Orangen halbieren und den Saft auspressen.

2 Das Öl in einer Pfanne erhitzen und Seitan sowie Spargelstücke (ohne Köpfe) darin bei mittlerer Hitze kurz anbraten. Oliven und Orangenschale unterrühren. Mit Essig, Sojasauce und Orangensaft ablöschen. Beide Sorten Paprikapulver, Salz, Pfeffer, Piment und Limettensaft untermischen. Alles bei schwacher Hitze 5 Minuten weiterbraten. Zum Schluss Spargelköpfe und Datteln unterheben und kurz mitbraten. Der Salat schmeckt warm oder kalt.

Für 1 große oder 2 kleine Lunchbox-Portionen
Zubereitung: 20 Minuten

ZUCCHINI-»SPAGHETTI«-SALAT
MIT BÄRLAUCHPESTO

Gemüsenudeln sind eine fantastische Art, um glutenfrei Spaghetti zu genießen. Der Spaghetti-Salat wird mit einem selbst gemachten Bärlauchpesto serviert und kommt ganz ohne Kochen aus, was – besonders wenn es schnell gehen soll – so richtig praktisch ist.

Für den Zucchini-»Spaghetti«-Salat:
400 g Zucchini
200 g Kirschtomaten

Für das Bärlauchpesto:
50 g Pinienkerne
60 g Bärlauch
5 EL Olivenöl
2 TL Hefeflocken
½ TL Zitronensaft
1 TL Meersalz
1 Prise frisch gemahlener Pfeffer
1 Prise Rohrohrzucker

1 Für den Salat die Zucchini waschen und mit einem Spiralschneider in lange, dünne »Spaghetti« schneiden. Alternativ mit einem Sparschäler längs in dünne Scheiben und diese in feine Streifen schneiden. Die Zucchini-»Spaghetti« in eine Schüssel füllen. Die Tomaten waschen, halbieren und unterheben.

2 Für das Bärlauchpesto die Pinienkerne in einer Pfanne ohne Fett hell anrösten, bis sie beginnen zu duften. Kurz abkühlen lassen und in einen hohen Rührbecher geben. Den Bärlauch waschen, trocken schütteln und mit Öl, Hefeflocken, Zitronensaft, Salz, Pfeffer und Zucker zu den Pinienkernen geben. Die Zutaten mit einem Stabmixer je nach gewünschter Konsistenz fein oder eher grob pürieren.

3 Das Pesto und den Zucchini-»Spaghetti«-Salat schon vor dem Transport mischen oder separat verpackt mitnehmen. Den Salat kalt servieren.

Für 1 große oder 2 kleine Lunchbox-Portionen
Zubereitung: 20 Minuten

FENCHEL-BANANEN-SALAT
MIT FUSSILI UND ORANGEN-JOGHURT-DRESSING

Langweilig war gestern. Bei diesem leckeren Fenchel-Bananen-Salat spielen sehr extravagante Komponenten zusammen, die sich zu einer echten Geschmacksexplosion verbinden. Gerade der charakteristische Fenchel kommt hier besonders gut zur Geltung – Banane, Apfel, Nudeln und das süßliche Orangen-Joghurt-Dressing geben ihm die ideale Plattform.

1 Für den Salat die Fusilli nach Packungsangabe in Salzwasser 8–10 Minuten kochen. Inzwischen den Fenchel waschen und den harten Strunk sowie die Stängel entfernen, die Knolle fein reiben. Die Banane schälen und in Scheiben schneiden. Den Apfel schälen, vom Kerngehäuse befreien und fein reiben. Die Nudeln in ein Sieb abgießen, mit kaltem Wasser abschrecken und in eine Schüssel geben. Fenchel, Banane und Apfel unterheben.

2 Für das Dressing den Joghurt in einer kleinen Schüssel mit Orangensaft, Öl, Essig, Currypulver, Salz und Pfeffer glatt rühren. Die Pinienkerne in einer Pfanne ohne Fett goldbraun anrösten und kurz abkühlen lassen. Die Petersilie waschen, trocken schütteln und fein hacken. Dressing, Pinienkerne und Petersilie unter die Nudelmischung heben. Den Salat mit Zitronensaft und nach Belieben nochmals mit etwas Salz und Pfeffer abschmecken.

Für den Salat:
100 g Fusilli
Salz
1 Fenchelknolle
1 große Banane
½ Apfel

Für das Dressing:
200 g Sojajoghurt
6 EL Orangensaft
2 EL Olivenöl
3 EL Orangenessig (ersatzweise Weißwein- oder Kräuteressig)
1 gehäufter EL süßes Currypulver
1½ TL Salz
½ TL frisch gemahlener Pfeffer
50 g Pinienkerne
1 kleines Bund Petersilie
1 Spritzer Zitronensaft

Für 1 Lunchbox-Portion
Zubereitung: 25 Minuten

KALE-QUINOA-MAIS-SALAT

- 50 g Quinoa
- 100 ml Gemüsebrühe
- 200 g krauser Grünkohl (Kale)
- 1 Zwiebel
- 4 EL Olivenöl
- 1–2 Frühlingszwiebeln (jeweils nur der obere grüne Teil)
- 20 g geschälte Mandeln
- 2 TL Sesamsamen
- 100 g Mais (aus der Dose)
- 3 EL Zitronensaft
- 1 TL Kräuter- oder Weißweinessig
- 3 EL Sesamöl
- 1 EL Agavendicksaft
- Salz
- frisch gemahlener Pfeffer

Kale, wie die Amerikaner den krausen Grünkohl nennen, ist das Kraut des Winters. Das gesunde Gemüse trumpft mit dem höchsten Gehalt an Vitamin C unter allen Kohlsorten auf und überzeugt hier in Kombination mit Quinoa, Mais und Mandeln. Ein Superfood-Salat, der seinesgleichen sucht.

1 Die Quinoa in einem Sieb abbrausen, bis das Wasser klar bleibt, und nach Packungsangabe in der Brühe in etwa 15 Minuten gar kochen. Währenddessen den Grünkohl waschen und gut trocken tupfen, dickere Stiele und Blattrippen entfernen. Die Blätter grob zerzupfen. Die Zwiebel schälen und fein würfeln.

2 In einer Pfanne 1 EL Olivenöl erhitzen und die Zwiebel darin bei starker Hitze 1 Minute anbraten. Den Grünkohl dazugeben und 5 Minuten mitbraten. Die Flüssigkeit abgießen, den Pfanneninhalt beiseitestellen und abkühlen lassen.

3 Die fertig gegarte Quinoa in ein Sieb abgießen, mit kaltem Wasser abbrausen und abtropfen lassen. Die Frühlingszwiebeln waschen und in Ringe schneiden. Die Mandeln grob hacken. Den Sesam in einer Pfanne ohne Fett goldbraun rösten. Den Mais in einem Sieb abtropfen lassen. Zitronensaft, Essig, Sesamöl, restliches Olivenöl (3 EL) und Agavendicksaft zu einem Dressing verrühren, dieses mit Salz und Pfeffer abschmecken.

4 Grünkohl-Zwiebel-Mischung, Quinoa, Frühlingszwiebelringe, Mandeln, Sesam und Mais in einer Schüssel vermengen, das Dressing untermischen und alles nochmals abschmecken.

Für 2 große Lunchbox-Portionen
Zubereitung: 30 Minuten

MAC-&-CHEESE-SALAT

Mac & Cheese ist der Klassiker unter den schnellen Hauptgerichten, warum also nicht aus der allseits beliebten warmen Mahlzeit einen kalten Salat zaubern? Den »Cheese« braucht es nicht, hier helfen Cashewkerne, Senf & Co. für die vegane Variante aus und überzeugen zu 100 Prozent.

Für die Makkaroni:
250 g Makkaroni
Salz
4 Kirschtomaten
½ Bund Frühlingszwiebeln
50 g Erbsen (aus dem Glas oder TK)
50 g Mais (aus dem Glas oder TK)

Für die Sauce:
1 kleine Süßkartoffel (100 g)
1 kleine Möhre
1 kleine Zwiebel
375 ml Gemüsebrühe
1 kleine Knoblauchzehe (nach Belieben)
30 g Cashewkerne
½ TL Dijon-Senf
½ TL Meersalz
1 Spritzer Zitronensaft
1 Msp. frisch gemahlener Pfeffer
½ TL edelsüßes Paprikapulver
1½ EL vegane Margarine

1 Die Makkaroni nach Packungsangabe in Salzwasser al dente kochen. In ein Sieb abgießen, mit kaltem Wasser abschrecken, abtropfen lassen und in einer Schüssel beiseitestellen.

2 Für die Sauce Süßkartoffel und Möhre schälen und in 2 cm große Würfel schneiden. Die Zwiebel schälen und vierteln. Süßkartoffel, Möhre und Zwiebel in einem Topf in der Brühe gar kochen. Abgießen und dabei etwa 250 ml von der Brühe auffangen. Den Knoblauch (nach Belieben) schälen und mit Süßkartoffel-, Möhren- und Zwiebelstücken, aufgefangener Brühe, Chashewkernen, Senf, Salz, Zitronensaft, Pfeffer, Paprika und Margarine in einem Mixer zu einer glatten Sauce pürieren.

3 Die Tomaten waschen und halbieren. Die Frühlingszwiebeln waschen, von den Wurzelansätzen befreien und fein schneiden. Erbsen und Mais abtropfen oder auftauen lassen und mit Küchenpapier trocken tupfen. Makkaroni mit Sauce, Tomaten, Frühlingszwiebeln, Erbsen und Mais vermengen.

TIPP

Die Sauce eignet sich auch hervorragend für die Zubereitung überbackener Ofengerichte oder als Dip zu anderen Zutaten.

Für 2 große Lunchbox-Portionen
Zubereitung: 30 Minuten

ASIATISCHER NUDELSALAT

Für den Salat:
250 g vegane Mie-Nudeln (aus dem Asialaden)
Salz
100 g Pak Choi
½ rote Paprikaschote
½ Zwiebel
75 g Mungobohnensprossen
1 EL Rapsöl
1 EL Sesamsamen
2 Stängel Koriandergrün

Für den Dip:
1 EL Erdnusscreme
½ EL Reisessig
½ TL Limettensaft
1 TL Agavendicksaft
1 Prise gemahlener Koriander
½ TL Salz
1 Prise frisch gemahlener weißer Pfeffer

Mal eben in der Mittagspause ein bisschen kulinarisches Fernweh schnuppern? Mie-Nudeln, Pak Choi und Mungobohnensprossen entführen in Form dieses Nudelsalats direkt nach Asien! Eine frische, gesunde und garantiert vegane Alternative zum Lieferservice.

1 Für den Salat die Nudeln nach Packungsangabe in leicht gesalzenem Wasser kochen. In ein Sieb abgießen, mit kaltem Wasser abschrecken, gut abtropfen lassen und in einer großen Schüssel beiseitestellen. Den Pak Choi waschen, halbieren, vom Strunk befreien und in feine Streifen schneiden. Die Paprika entkernen, waschen und in Streifen schneiden. Die Zwiebel schälen und ebenfalls in Streifen schneiden. Die Mungobohnensprossen in ein Sieb geben, kalt abbrausen und abtropfen lassen.

2 Das Öl in einem Wok erhitzen und Pak-Choi-, Paprika- sowie Zwiebelstreifen darin bei mittlerer Hitze andünsten. Die Sprossen dazugeben und kurz mitdünsten – das Gemüse sollte sehr knackig bleiben. Die Gemüsemischung zu den Nudeln in die Schüssel geben. Die Sesamsamen in einer Pfanne ohne Fett goldbraun rösten. Den Koriander waschen, trocken schütteln und fein hacken. Sesam und Koriander auf die Salatzutaten geben.

3 Für den Dip die Erdnusscreme in einer kleinen Schüssel mit Essig, Limettensaft und Agavendicksaft glatt rühren. Den Dip mit gemahlenem Koriander, Salz und Pfeffer abschmecken. Salat und Dip separat verpackt mitnehmen. Zum Servieren den Dip auf den Salat geben und alle Zutaten vorsichtig vermengen.

Für 2 Lunchbox-Portionen
Zubereitung: 20 Minuten

MEXIKANISCHER PAPRIKASALAT

Für den Salat:
- 3 Paprikaschoten (rot, gelb, grün)
- 2 Fleischtomaten
- 1 Zwiebel
- ½ Bund Schnittlauch
- 140 g Mais (aus der Dose)
- 125 g Kidneybohnen (aus der Dose)

Für das Dressing:
- abgeriebene Schale und Saft von ½ Bio-Limette
- 1 EL Weißweinessig
- 2 EL Olivenöl
- ½ TL Salz
- 1 Prise frisch gemahlener Pfeffer
- 1 Msp. Chilipulver
- 1 Prise Rohrohrzucker

1 Für den Salat die Paprikas vierteln, entkernen, waschen und in mundgerechte Stücke schneiden. Die Tomaten waschen, vierteln, jeweils vom Stielansatz und den Samen befreien und würfeln. Die Zwiebel schälen und fein würfeln. Den Schnittlauch waschen, trocken schütteln und in feine Röllchen schneiden. Mais und Bohnen in ein Sieb abgießen, kalt abbrausen und abtropfen lassen. Alle vorbereiteten Zutaten vorsichtig in einer Schüssel vermischen.

2 Für das Dressing alle Zutaten in einer kleinen Schüssel mit einem Schneebesen verquirlen. Das Dressing zum Salat geben und alles vorsichtig vermengen.

TIPP Dazu passen wunderbar Nachos und Guacamole (siehe Seite 30).

Für 1 Lunchbox-Portion
Zubereitung: 15 Minuten
+ 12 Stunden Durchziehzeit

TOSKANISCHER BOHNENSALAT

- 240 g weiße Bohnen (aus der Dose)
- 1 Schalotte
- 60 g getrocknete Tomaten (in Öl)
- 1½ EL Tomatenmark
- 3 EL gehackte Petersilie
- 1 EL gehackte Minze
- ½ EL Kapern (aus dem Glas)
- ½ TL Meersalz
- 1 Prise frisch gemahlener weißer Pfeffer
- 1 Msp. getrockneter Oregano
- 1 Msp. getrocknetes Basilikum
- 1½ EL Weißweinessig
- ½ TL Agavendicksaft

1 Die Bohnen in ein Sieb abgießen, abtropfen lassen und in eine Schüssel geben. Die Schalotte schälen und fein würfeln. In einer Pfanne 3 EL Öl von den getrockneten Tomaten erhitzen und die Schalotte darin bei mittlerer Hitze glasig anschwitzen. Das Tomatenmark hinzufügen und kurz mitschwitzen. Die Schalottenmischung unter die Bohnen heben.

2 Die getrockneten Tomaten in feine Streifen schneiden. Mit Petersilie, Minze und Kapern unter die Bohnen heben. Mit Salz, Pfeffer, Oregano, Basilikum, Essig und Agavendicksaft würzen. Den Salat 12 Stunden durchziehen lassen. Eventuell nochmals abschmecken und in die Lunchbox füllen.

Für 1 mittlere oder 2 kleine Lunchbox-Portionen
Zubereitung: 15 Minuten

Für den Salat:
1 Frühlingszwiebel
½ rote Paprikaschote
½ Zwiebel
1 Stück Ingwer (1,5 cm)
½ Granatapfel
1 Dose Kichererbsen (400 g)
25 g Pinienkerne

Für das Dressing:
1 EL Sojajoghurt
1 EL gehackte Minze
½ TL Meersalz
1 Prise frisch gemahlener weißer Pfeffer
1 Prise gemahlener Kreuzkümmel
½ TL Garam masala (ind. Gewürzmischung)
1 Prise Rohrohrzucker

INDISCHER KICHERERBSEN-GRANATAPFEL-SALAT

Um den Granatapfel gibt es viele Geschichten, hier schreibt er eine neue Story – in einer köstlichen Komposition mit Kichererbsen und einem indisch-würzigen Minz-Joghurt-Dressing. Eine echte Bereicherung für die vegane Lunchbox!

1 Für den Salat die Frühlingszwiebel waschen, vom Wurzelansatz befreien und in feine Ringe schneiden. Die Paprika entkernen, waschen und in feine Streifen schneiden. Zwiebel und Ingwer schälen und sehr fein würfeln. Aus dem Granatapfel die Kerne mit einem Löffel herauslösen. Die Kichererbsen in ein Sieb abgießen, mit kaltem Wasser abbrausen und gut abtropfen lassen. Alle vorbereiteten Zutaten in eine Schüssel geben.

2 Für das Dressing den Joghurt mit Minze, Salz, Pfeffer, Kreuzkümmel, Garam masala und Zucker gut verrühren. Das Dressing zu den Salatzutaten in die Schüssel geben und alles vorsichtig vermischen. Die Pinienkerne in einer Pfanne ohne Fett goldbraun anrösten. Salat und Pinienkerne separat verpackt mitnehmen oder schon vor dem Transport vermischen.

Für 1 große oder 2 kleine Lunchbox-Portionen
Zubereitung: 20 Minuten
+ 30 Minuten Durchziehzeit

ARABISCHER LINSENSALAT

Linsen gehören zu den besten Eiweißquellen. In diesem Salat können sie zusammen mit einer arabischen Gewürzmischung auch geschmacklich voll und ganz überzeugen. Den süßen Ausgleich schaffen die Datteln. Harissa sorgt für eine leichte Schärfe – ein perfekt abgestimmter Genuss für die Mittagspause!

Für den Salat:
400 g grüne Linsen (aus der Dose)
½ Salatgurke
1 sehr große Tomate
2 Stangen Staudensellerie
¼ Bund glatte Petersilie
¼ Bund Minze
5 entsteinte Datteln
1 Schalotte
1 kleine Knoblauchzehe
1 EL Olivenöl

Für das Dressing:
Saft von 1 kleinen Limette
1½ EL Olivenöl
½ TL Salz
1 Msp. frisch gemahlener Pfeffer
1 Prise gemahlener Kreuzkümmel
1 Prise gemahlener Piment
1 TL Agavendicksaft
½ TL Harissa (scharfe oriental. Würzpaste)

1 Für den Salat die Linsen in ein Sieb abgießen, kalt abbrausen und abtropfen lassen. Die Gurke schälen, längs halbieren, entkernen und würfeln. Die Tomate waschen, vierteln, von Stielansatz und Samen befreien und fein würfeln. Den Sellerie waschen und ohne das Grün in feine Scheiben schneiden. Petersilie und Minze waschen, trocken schütteln und fein hacken. Die Datteln in feine Würfel schneiden. Schalotte sowie Knoblauch schälen und fein würfeln. Das Öl in einer Pfanne erhitzen und die Schalotte darin bei mittlerer Hitze anschwitzen, Knoblauch hinzufügen. Die Mischung abkühlen lassen und mit den vorbereiteten Zutaten in einer Schüssel vermengen.

2 Für das Dressing Limettensaft, Öl, Salz, Pfeffer, Kreuzkümmel, Piment, Agavendicksaft und Harissa gut verrühren. Das Dressing mit den Salatzutaten in der Schüssel mischen. Den Salat mindestens 30 Minuten durchziehen lassen und eventuell nochmals mit Salz und Pfeffer abschmecken.

TIPP

Der Salat eignet sich prima zum Vorbereiten für eine Lunchbox, da er nach dem Durchziehen noch besser schmeckt.

Für 1 große oder 2 kleine Lunchbox-Portionen
Zubereitung: 35 Minuten

ORIENTALISCHER BLUMENKOHL-KARTOFFEL-SALAT

200 g festkochende Kartoffeln
Salz
½ kleiner Blumenkohl
½ kleine Aubergine
1 kleine Knoblauchzehe
1 rote Chilischote
50 g Cashewkerne
2 Stängel Koriandergrün
1½ EL Rapsöl
125 ml Kokosmilch
je 1 Prise Meersalz, frisch gemahlener Pfeffer, gemahlener Kreuzkümmel, gemahlener Zimt und gemahlener Piment

1 Die Kartoffeln gründlich waschen und mit der Schale in Salzwasser 20–25 Minuten garen. Abgießen, etwas abkühlen lassen, pellen und in dicke Scheiben schneiden.

2 Während die Kartoffeln kochen, den Blumenkohl waschen und in Röschen zerteilen. Die Aubergine waschen und in Würfel schneiden, dabei den Stielansatz entfernen. Den Knoblauch schälen und fein würfeln. Die Chilischote längs halbieren, entkernen, waschen und in feine Würfel schneiden. Die Cashewkerne in einer Pfanne ohne Fett goldbraun rösten, herausnehmen, abkühlen lassen und grob hacken. Den Koriander waschen und trocken schütteln, die Blätter abzupfen und fein hacken.

3 Das Öl in einer großen Pfanne mit hohem Rand erhitzen und den Knoblauch darin bei mittlerer Hitze anschwitzen. Blumenkohl, Aubergine und Chilischote hinzufügen und bissfest mit andünsten. Mit der Kokosmilch ablöschen und mit Salz, Pfeffer, Kreuzkümmel, Zimt und Piment würzen. Die Kartoffeln untermengen und die Gemüsemischung in eine Schüssel umfüllen. Cashewkerne und Koriander über den Salat streuen und diesen vollständig abkühlen lassen.

BROTZEIT

AUFSTRICHE, BELEGTE BROTE & WRAPS

VON SANDWICH BIS BURGER

Für 1 große oder 2 kleine Lunchbox-Portionen
Zubereitung: 10 Minuten
+ 15 Minuten Backzeit

6 Scheiben Vollkorntoastbrot
2½ EL selbst gemachtes Ajvar (siehe unten)
2½ EL vegane Margarine

BUNTE TOASTRÖLLCHEN

Aus schnödem Toastbrot wird hier ein pfiffiger Pausensnack. Gefüllt mit selbst gemachtem Ajvar, sind die bunten Toaströllchen perfekt für den kleinen Hunger zwischendurch. Ein paar Gemüsesticks dazureichen und das restliche Ajvar einfach zum Dippen verwenden.

Den Backofen auf 200 °C vorheizen. Die Toastbrotscheiben entrinden und mit einer Teigrolle flach ausrollen, mit Ajvar bestreichen und aufrollen. Die Margarine in einer kleinen Pfanne zerlassen und die Toaströllchen damit bestreichen. Nebeneinander in eine Auflaufform legen und im vorgeheizten Ofen auf der mittleren Schiene 15 Minuten backen. Dazu passen ein Salat, Gemüse-Sticks oder Antipasti.

Für etwa 250 g
Zubereitung: 10 Minuten
+ 25 Minuten Backzeit
+ 20 Minuten Abkühlzeit

3 große rote Paprikaschoten
½ große rote Chilischote
½ Aubergine (längs halbiert)
1 EL Sonnenblumenöl
1 TL Apfelessig
1 Msp. Salz
1 Prise frisch gemahlener weißer Pfeffer
1 Prise scharfes Paprikapulver
½ TL Agavendicksaft

SCHNELLES AJVAR

1 Den Backofen auf 220 °C vorheizen. Ein Backblech mit Backpapier auslegen. Paprika und Chili längs halbieren, entkernen und waschen. Die Aubergine waschen, den Stielansatz entfernen. Paprika, Chili und Aubergine jeweils mit der Hautseite nach oben auf das Backpapier legen. Im Ofen auf der mittleren Schiene etwa 25 Minuten backen, bis die Haut dunkel wird und Blasen wirft. Das Blech aus dem Ofen nehmen und das Gemüse darauf mit einem angefeuchteten sauberen Küchentuch bedeckt etwa 20 Minuten abkühlen lassen.

2 Paprika, Chilischote und Aubergine häuten und in grobe Stücke schneiden. Mit Öl, Essig, Salz, Pfeffer, Paprikapulver und Agavendicksaft in einem Mixer cremig pürieren. In ein Twist-off-Glas füllen und im Kühlschrank aufbewahren.

TIPP Wer Ajvar länger bevorraten möchte, kann es einkochen: Dafür das gefüllte Glas in einer ofenfesten Form in ein Wasserbad stellen und im auf 200 °C vorgeheizten Backofen 25 Minuten erhitzen. So hält es 3–4 Monate.

Für 1 Lunchbox-Portion
Zubereitung: 15 Minuten

PIKANTES TOMATENTATAR AUF KROSSEM CIABATTA

Hier packt man schnell zusammen: Geröstetes Ciabattabrot in die Box, hausgemachtes, deliziöses Tomatentatar mit schwarzen Oliven in ein Vorratsglas, und schon ist die Brotzeit perfekt. Beim Auspacken nur noch zusammenbauen und genießen. Krosses Brot, aromatisches Tatar, zum Hinschmelzen gut – und so einfach!

- 4 reife Tomaten
- 40 g entsteinte schwarze Oliven
- ½ TL Meersalz
- 1 Prise frisch gemahlener bunter Pfeffer
- abgeriebene Schale und Saft von ½ Bio-Zitrone
- 2½ EL Olivenöl
- ½ TL Balsamico-Essig
- ½ TL Agavendicksaft
- 1–2 EL gehackte Basilikumblätter
- 4 Scheiben Ciabattabrot

1 Die Tomaten nach Belieben häuten: Dafür auf den Seiten ohne Stielansatz kreuzweise einschneiden, mit kochendem Wasser übergießen und kurz ziehen lassen. In Eiswasser abschrecken, häuten, vierteln und Samen entfernen. Das Fruchtfleisch in feine Würfel schneiden. Die Oliven ebenfalls würfeln.

2 Die Tomaten- und Olivenwürfel mit Salz, Pfeffer, Zitronenschale, 1 TL Zitronensaft, 1 EL Öl, Essig, Agavendicksaft und Basilikum vermengen. Nochmals mit Zitronensaft und eventuell Salz sowie Pfeffer pikant abschmecken.

3 Das übrige Öl (1½ EL) in einer großen Pfanne erhitzen und die Ciabattascheiben darin auf beiden Seite goldbraun rösten. Aus der Pfanne nehmen und abkühlen lassen. Ciabatta und Tomatentatar separat verpackt mitnehmen. Zum Servieren das Tatar auf den Brotscheiben anrichten.

Für je 1 Glas Brotaufstrich
Zubereitung: je etwa 10 Minuten
+ Kochzeit
+ Abtropf- und Durchziehzeiten

- 200 g Räuchertofu (am besten stark geräuchert)
- 1 kleine Dose Kidneybohnen (240 g)
- ½ TL scharfer Senf
- 1 Prise gemahlener Ingwer
- 1 große Zwiebel
- 3–4 EL Olivenöl
- 2 TL getrockneter Majoran
- 1 TL gehackte Petersilie
- Salz
- frisch gemahlener Pfeffer

»LEBERWURST«

1 Den Räuchertofu mit den Händen fein zerbröseln und in einen Mixer geben. Die Kidneybohnen in ein Sieb abgießen, gut abtropfen lassen und mit Senf sowie Ingwer ebenfalls in den Mixer geben.

2 Die Zwiebel schälen und fein hacken. Das Öl in einer Pfanne erhitzen und die Zwiebel darin bei mittlerer Hitze anschwitzen. Den Majoran dazugeben und kurz mitdünsten. Die Mischung zu den Zutaten im Mixer füllen und alles sehr fein und cremig pürieren. Die Petersilie unterziehen. Aufstrich mit Salz und Pfeffer abschmecken.

- 500 g Sojajoghurt
- 2 EL vegane saure Sahne
- 2 EL Steirisches Kürbiskernöl (alternativ anderes hochwertiges Kürbiskernöl)
- 1 TL Salz
- 1 Prise frisch gemahlener Pfeffer
- 3 EL Kürbiskerne

SOJAQUARK-KÜRBISKERN-BROTAUFSTRICH

1 Den Joghurt in ein mit einem sauberen Küchentuch ausgelegtes Sieb geben. Im Kühlschrank über einer Schüssel 12 Stunden abtropfen lassen. Ausdrücken und den so entstandenen Sojaquark in eine Schüssel geben. Den Quark mit saurer Sahne, Öl, Salz und Pfeffer mit einem Stabmixer cremig pürieren.

2 Einige Kürbiskerne zum Dekorieren beiseitelegen, die restlichen Kerne fein hacken und in einer beschichteten Pfanne ohne Fett anrösten. Etwas abkühlen lassen und unter den Aufstrich heben. In ein Twist-off-Glas oder ein anderes fest schließendes Behältnis füllen und mit den übrigen Kürbiskernen dekorieren.

»LIPTAUER« MIT GEWÜRZGURKEN

500 g Sojajoghurt
80 g vegane saure Sahne
70 g weiche vegane Margarine
2 EL edelsüßes Paprikapulver
¼ EL scharfes Paprikapulver
½ TL Knoblauchpulver
1 TL Salz
1 TL frisch gemahlener weißer Pfeffer
1 TL Tomatenmark
15 g Kapern (aus dem Glas)
2 Gewürzgurken
½ kleine rote Paprikaschote
1 kleine Zwiebel
1 Prise Chilipulver

1 Den Joghurt in ein mit einem sauberen Küchentuch ausgelegtes Sieb geben. Im Kühlschrank über einer Schüssel 12 Stunden abtropfen lassen. Ausdrücken und den so entstandenen Sojaquark in eine Schüssel geben. Saure Sahne, Margarine, beide Sorten Paprikapulver, Knoblauchpulver, Salz, Pfeffer, Tomatenmark und Kapern dazugeben. Alles mit einem Stabmixer cremig pürieren.

2 Die Gewürzgurken fein würfeln. Die Paprika entkernen und waschen, die Zwiebel schälen und beides sehr klein würfeln. Die gewürfelten Zutaten unter den Quark ziehen. Aufstrich mit Chilipulver abschmecken und 4–5 Stunden durchziehen lassen.

»METT«

125 ml Gemüsebrühe
1 Zwiebel
14 Reiswaffeln
1 EL Sonnenblumenöl
2½ EL Tomatenmark
2 EL Schnittlauchröllchen
½ TL Meersalz
1 Prise frisch gemahlener Pfeffer
½ TL getrockneter Majoran
1 Prise edelsüßes Paprikapulver

Die Brühe in einem kleinen Topf aufkochen. Die Zwiebel schälen und fein würfeln. Die Reiswaffeln zerbröseln und mit den Zwiebelwürfeln in eine Schüssel geben. Mit Brühe, Öl, Tomatenmark, Schnittlauchröllchen, Salz, Pfeffer, Majoran und Paprikapulver vermengen.

WÜRZIGER ROTE-LINSEN-BROTAUFSTRICH

50 g rote Linsen
150 ml Gemüsebrühe
½ TL gemahlene Kurkuma
½ TL Currypulver
½ TL gemahlener Koriander
1 Prise Chiliflocken
½ TL Meersalz
½ EL Olivenöl
2 Tropfen Liquid smoke (nach Belieben; aus dem Feinkost- oder Internethandel)

Die Linsen in einem Sieb mit Wasser abbrausen und gut abtropfen lassen. Mit der Brühe in einem kleinen Topf aufkochen und zugedeckt bei mittlerer Hitze 15 Minuten kochen, dann abkühlen lassen. Die Linsen in der verbliebenen Brühe mit Kurkuma, Currypulver, Koriander, Chiliflocken, Salz sowie Öl und nach Belieben Liquid smoke mischen und mit dem Stabmixer zu einer feinen Creme pürieren.

TIPP Zu allen Aufstrichen nach Belieben frisches Brot, Kartoffeltaler (siehe Seite 25) oder Zucchinikuchen (siehe Seite 121) mit in die Lunchbox packen.

Für 2 Sandwiches
Zubereitung: 25 Minuten
+ 12 Stunden Einweichzeit

SCHARFES FRÜHLINGSSANDWICH

Hier wird es Frühling in der Lunchbox: mit Radieschen, Kresse, Gurke – und dem leckeren Hot-Cashew-Frischkäse. Schnell und einfach zubereitet, denn Frischkäse klappt auch pflanzlich ohne Probleme. Der schmeckt natürlich auch zu anderen Jahreszeiten ... eigentlich immer.

Für den Hot-Cashew-Frischkäse:
200 g Cashewkerne
2 TL Zitronensaft
2 EL Olivenöl
2 rote Chilischoten
2 EL Hefeflocken
1 TL Salz
1 Msp. frisch gemahlener Pfeffer
½ TL edelsüßes Paprikapulver
5 Tropfen Habanerosauce (nach Belieben)

Für die Sandwiches:
¼ Salatgurke
½ Bund Radieschen
½ Kästchen Kresse
1 Handvoll Salatblätter
4 Scheiben Vollkorntoastbrot

1 Für den Hot-Cashew-Frischkäse die Cashewkerne in kaltem Wasser 12 Stunden einweichen. In ein Sieb abgießen und in einem Mixer mit 100 ml Wasser, Zitronensaft und Öl sehr fein pürieren. Die Chilischoten längs halbieren, entkernen, waschen und fein würfeln. Cashewmasse, Chilischote, Hefeflocken, Salz, Pfeffer, Paprikapulver und nach Belieben Habanerosauce in einer Schüssel gut verrühren.

2 Für die Sandwiches die Gurke schälen, die Radieschen waschen und beides in dünne Scheiben schneiden. Die Kresse mit einer Schere abschneiden, in einem Sieb abbrausen und gut abtropfen lassen. Die Salatblätter waschen, trocken schütteln und klein zerzupfen.

3 Die Brotscheiben toasten und mit dem Frischkäse bestreichen. Die Salatblätter auf 2 Toastscheiben verteilen, mit Gurken- und Radieschenscheiben belegen und mit Kresse bestreuen. Die übrigen Brotscheiben daraufsetzen. Die Toasts zum Mitnehmen nach Belieben halbieren und in eine gut schließende Dose packen.

TIPP

Sie können den Salat auch noch mit einer Vinaigrette marinieren, bevor Sie ihn auf die Sandwiches geben. Dafür 1 TL Schalottenwürfel mit 1 TL Weißweinessig, 1½ EL Öl, je 1 Prise Salz, Pfeffer, Rohrohrzucker und 1 Msp. Senf verrühren. Über Salat und Kresse träufeln.

Für 2 Sandwiches
Zubereitung: 20 Minuten
+ 1 Stunde Kochzeit
+ 12 Stunden Durchziehzeit

BBQ-»PULLED-PORK«-SANDWICH

Würziger Veggie: Die beiden amerikanischen Klassiker Sandwich und BBQ-Sauce vereinen sich zu einer leckeren, gesunden Brotzeit. Das »Pulled Pork« gibt es hier in Form einer Jackfrucht – eine beliebte Zutat aus der asiatischen Küche.

- 1 Dose grüne Jackfrucht (etwa 560 g; siehe Tipp)
- 2 EL Olivenöl
- Salz
- 2 Knoblauchzehen
- 150 g vegane BBQ-Sauce, plus etwas mehr zum Bestreichen und Beträufeln
- frisch gemahlener Pfeffer
- 4 Scheiben Sandwichbrot
- 4 Salatblätter
- 1 Tomate
- 1 kleine rote Zwiebel

1 Die Jackfrucht in ein Sieb abgießen, gut abtropfen lassen, mit kaltem Wasser abbrausen und erneut abtropfen lassen. Vorsichtig zerzupfen und grobe Stücke entfernen. Das Öl in einem Topf erhitzen und die Jackfrucht darin bei mittlerer Hitze 3–4 Minuten anbraten, mit Salz würzen. Den Knoblauch schälen, durch die Knoblauchpresse dazudrücken und kurz mitbraten. Mit der BBQ-Sauce ablöschen, umrühren und zugedeckt bei schwacher Hitze 1 Stunde einköcheln lassen. Dabei immer wieder umrühren und bei Bedarf etwas Wasser angießen. Mit Salz und Pfeffer abschmecken, das Jackfrucht-»Pulled-Pork« vom Herd nehmen und 12 Stunden durchziehen lassen.

2 Die Sandwichbrotscheiben in der Grillpfanne oder im Toaster kurz anrösten, dann mit wenig BBQ-Sauce bestreichen. Die Salatblätter waschen und trocken schütteln. Die Tomate waschen und ohne Stielansatz in Scheiben schneiden. Die Zwiebel schälen und in feine Scheiben schneiden. 2 Brotscheiben mit jeweils 1 Salatblatt belegen. Tomaten, Zwiebeln sowie etwas Jackfrucht-»Pulled-Pork« darauf verteilen und mit etwas BBQ-Sauce beträufeln. Die übrigen Salatblätter darauflegen und mit den übrigen Brotscheiben bedecken. Sandwiches in Frischhaltefolie gewickelt mitnehmen.

TIPP

Jackfrucht gibt es im Asialaden in Dosen zu kaufen. Ganz wichtig ist für diese Zubereitung: junge, grüne in Wasser statt in Sirup eingelegte Jackfrucht kaufen!

Für 2 Bagels
Zubereitung: 35 Minuten
+ 12 Stunden Durchziehzeit

TEMPEH-BAGEL

Für den Tempeh-Salat:
- 200 g Tempeh (am Stück)
- ½ Stange Staudensellerie
- ½ kleine Zwiebel
- 130 g vegane Mayonnaise (siehe Seite 57)
- 1 TL getrockneter Dill
- 2 EL Zitronensaft
- Salz
- frisch gemahlener Pfeffer
- 1 TL Senf
- 1 TL Agavendicksaft
- 2 TL Nori-Algen-Flocken (aus dem Asialaden)

Außerdem:
- 4 Salatblätter (nach Belieben)
- 1 Handvoll Sprossen (nach Belieben)
- 2 Bagels

Wer gerne an den Geschmack von Thunfisch erinnert wird, wird diesen Bagel lieben. Dafür sorgen die Nori-Algen-Flocken, die das entsprechende Aroma beisteuern. Dazu gibt es unter anderem Tempeh. Dieses Soja-Fermentationsprodukt ist ein kleiner Gesundbrunnen, der nicht nur in seiner Ursprungsheimat Indonesien auf dem Speiseplan stehen sollte. Beim Befüllen der Bagels sind der Kreativität keine Grenzen gesetzt – aber eines gilt sicher: Sprossen machen alles noch schöner und schmackhafter.

1 Für den Salat den Tempeh in einem Dämpfeinsatz über heißem Wasser 20–30 Minuten dämpfen. Abkühlen lassen, mit den Fingern fein zerbröseln oder in einem Mixer zerkleinern und beiseitestellen. Den Sellerie waschen und ohne das Grün fein würfeln. Die Zwiebel schälen und ebenfalls fein würfeln.

2 Sellerie, Zwiebel, Mayonnaise, Dill, Zitronensaft, Salz, Pfeffer, Senf, Agavendicksaft und Nori-Algen-Flocken in einer Schüssel gut vermengen. Den Tempeh unterheben und den Salat luftdicht verschlossen 12 Stunden durchziehen lassen.

3 Zum Fertigstellen nach Belieben Salatblätter sowie Sprossen waschen und trocken schütteln beziehungsweise abtropfen lassen. Die Bagels halbieren und toasten. Auf die Unterhälften je 2 Salatblätter legen, den Tempeh-Salat und die Sprossen darauf verteilen und die Bagel-Oberhälften daraufsetzen. In Frischhaltefolie wickeln.

Für 2 Sandwiches
Zubereitung: 40 Minuten

HASHBROWN-SANDWICH DE LUXE

Hashbrowns, also die amerikanische Version von Kartoffelrösti, sind viel mehr als eine Frühstückstradition aus Übersee. In diesem Rezept finden sie Platz in einem Sandwich – ganz schick – mit einem fantastisch würzigen Dressing. Da tuen die Lunchpausen ganz besonders gut.

Für die Hashbrowns:
- 500 g Kartoffeln
- ½ TL Salz
- 1 Msp. frisch gemahlener Pfeffer
- 1 Prise frisch geriebene Muskatnuss
- 1–2 TL Rapsöl

Für das Dressing:
- 2 EL vegane Mayonnaise (siehe Seite 57)
- 2 EL Gurkenrelish (aus dem Glas)
- ½ TL Meersalz
- ½ TL edelsüßes Paprikapulver
- ½ TL Knoblauchpulver
- ½ TL Zwiebelpulver
- ½ TL Apfelessig
- frisch gemahlener Pfeffer

Für den Belag:
- 1 Tomate
- 1 Handvoll Salatblätter
- 2 Vollkornbrötchen oder 4 Scheiben Vollkorntoastbrot
- 1½ EL süß-würzig eingelegte Gurkenscheiben
- 2 TL Röstzwiebeln

1 Für die Hashbrowns die Kartoffeln schälen, grob raspeln und in einem sauberen Küchentuch sehr gut ausdrücken. In einer Schüssel mit Salz, Pfeffer und Muskat vermischen. In einer Pfanne ½–1 TL Öl erhitzen, die Hälfte des Kartoffelteigs hineingeben, mit einem Pfannenwender zu einem dünnen Fladen flach drücken und bei mittlerer Hitze 3–4 Minuten braten. Wenn der Rand schön kross ist, den Hashbrown vorsichtig wenden und auf der anderen Seite goldbraun braten. Herausnehmen, auf Küchenpapier abtropfen lassen und beiseitestellen. Mit dem übrigen Öl (½–1 TL) und den restlichen Kartoffelraspeln genauso verfahren.

2 Für das Dressing die Mayonnaise in einer kleinen Schüssel mit dem Gurkenrelish vermengen und mit Meersalz, Paprika-, Knoblauch- und Zwiebelpulver, Essig sowie Pfeffer würzig abschmecken. Für den Belag die Tomate waschen, vom Stielansatz befreien und in Scheiben schneiden. Die Salatblätter waschen, trocken schütteln und grob zerzupfen.

3 Die Brötchen oder die Toastscheiben nach Belieben rösten. Die Brötchenunterhälften oder 2 Toastscheiben mit dem Dressing bestreichen und mit Salatblättern, Tomaten- und Gurkenscheiben, Röstzwiebeln und den Hashbrowns belegen. Die Brötchenoberhälften beziehungsweise die übrigen Toastscheiben darauflegen. Die Sandwiches in Frischhaltefolie wickeln.

Für 2 Burger
Zubereitung: 30 Minuten

SÜSSKARTOFFEL-BURGER
MIT BBQ-SAUCE

Für die Pattys:
1 große Süßkartoffel
Salz
1 Schalotte
½ Bund Schnittlauch
1 Msp. frisch gemahlener Pfeffer
½ TL edelsüßes Paprikapulver
1 EL getrockneter Majoran
1 Prise gemahlener Kreuzkümmel
1 Prise gemahlener Piment
1 TL mittelscharfer Senf
2 EL Lupinenmehl (aus dem Bioladen)
40 g Paniermehl
2½ EL Rapsöl

Außerdem:
1 Handvoll Salatblätter
1 kleines Stück Salatgurke
1 Tomate
1 Handvoll Korianderblätter
2 große Burgerbrötchen
vegane BBQ-Sauce

Genau wie dieser Süsskartoffel-Burger mit BBQ-Sauce muss eine ordentliche Mahlzeit aussehen! Ein Gericht zum Sattessen und glücklich sein. Ein köstliches Patty aus Süßkartoffeln, aufregend vielen Gewürzen und veganer BBQ-Sauce, gestapelt mit knackigem Gemüse.

1 Für die Pattys die Süßkartoffel schälen, in kleine Stücke schneiden und in Salzwasser 10–15 Minuten weich garen. In ein Sieb abgießen und abtropfen lassen. Die Schalotte schälen und fein würfeln, den Schnittlauch waschen, trocken schütteln und in feine Röllchen schneiden. Süßkartoffel mit Schalotte und Schnittlauch in einer großen Schüssel mit einem Kartoffelstampfer zu einer homogenen Masse zerstampfen. ½ TL Salz, Pfeffer, Paprikapulver, Majoran, Kreuzkümmel, Piment und Senf unterrühren. Das Lupinenmehl dazugeben und alles noch einmal kräftig durchmischen.

2 Das Paniermehl auf einen Teller geben. Aus dem Teig zwei gleich große Pattys formen und im Paniermehl wenden. Das Öl in einer Pfanne erhitzen und die Pattys darin bei mittlerer Hitze auf beiden Seiten goldbraun braten. Aus der Pfanne nehmen und auf Küchenpapier abtropfen lassen.

3 Die Salatblätter waschen und trocken schütteln. Die Gurke und die Tomate waschen und jeweils in Scheiben schneiden. Die Korianderblätter waschen und trocken schütteln. Die Burgerbrötchen halbieren, rösten und auf den Schnittflächen mit BBQ-Sauce bestreichen. Die Unterhälften mit Salat, einem Patty, Gurken- und Tomatenscheiben sowie Koriander belegen. Die Burger in Frischhaltefolie wickeln. Nach Belieben noch mehr BBQ-Sauce dazureichen.

Für 2 Pitabrote
Zubereitung: 30 Minuten

PITAFLADEN MIT »EIERSALAT«

Orientalisch inspirierter Hochgenuss ist der krosse Räuchertofu mit knackig-frischem Gemüse und Gewürzen wie aus 1001 Nacht in frischem Fladenbrot auf die Hand.

- 150 g Räuchertofu
- 3 EL Olivenöl
- 250 g Tofu
- 1 kleine rote Zwiebel
- 2 Frühlingszwiebeln
- 180 g Weißkohl
- 90 g Kichererbsen (aus der Dose)
- 150–200 g vegane Mayonnaise (siehe Seite 57)
- 1 leicht gehäufter TL Schwarzsalz (Kala namak; nach Belieben)
- 1½ TL Salz
- ½ TL frisch gemahlener Pfeffer
- 3 TL Currypulver
- 1 EL gemahlene Kurkuma
- 1 EL Schnittlauchröllchen
- 2 Pitabrote

1 Für den Salat den Räuchertofu in sehr feine Würfel schneiden. Das Öl in einer Pfanne erhitzen, die Räuchertofuwürfel darin zunächst bei starker Hitze kurz anbraten und dann bei mittlerer Hitze kross und fest braten. Beiseitestellen.

2 Den Tofu in 1 cm große Würfel schneiden, die Zwiebel schälen und fein hacken. Die Frühlingszwiebeln waschen, von den Wurzelansätzen befreien und in Ringe schneiden. Den Kohl waschen, in feine Streifen schneiden und anschließend hacken. Die Kichererbsen in ein Sieb abgießen und gut abtropfen lassen. Tofu, Zwiebel, Frühlingszwiebel, Kohl und Kichererbsen in einer Schüssel vermengen.

3 Die Mayonnaise untermischen. Den Salat nach Belieben mit Schwarzsalz, Salz, Pfeffer, Currypulver und Kurkuma sehr würzig abschmecken. Räuchertofu und Schnittlauchröllchen unterheben. In die Pitabrote tiefe Taschen einschneiden. Die Brote und den Salat separat verpackt mitnehmen und die Brote kurz vor dem Verzehr mit dem Salat füllen.

TIPP Noch besser schmeckt der Lunch, wenn das Fladenbrot zuvor kurz im Ofen aufgebacken wird.

Für 4 Fladenbrote
Zubereitung: 40 Minuten

FLADENBROT
MIT SPINAT-HUMMUS UND ROTEN LINSENBÄLLCHEN

Für die Linsenbällchen:
125 g rote Linsen
125 ml Gemüsebrühe
1 EL Vollkornpaniermehl
2 EL Mehl (Type 550)
1 Msp. Salz
je 1 Msp. scharfes und geräuchertes Paprikapulver
1 EL Frühlingszwiebelringe
Olivenöl zum Braten

Für den Spinat-Hummus:
200 g Kichererbsen (aus der Dose)
Saft von 1 kleinen Zitrone
100 g Spinat (TK, aufgetaut)
50 ml Olivenöl
20 g Tahin (Sesammus)
1 TL gemahlener Kreuzkümmel
1 TL Salz
½ TL Currypulver
1 Msp. Chilipulver
2 kleine Knoblauchzehen

Außerdem:
2 Handvoll gemischter Salat (z. B. Rucola, Eisberg, Feldsalat)
1 kleine rote Paprikaschote
4 kleine Kirschtomaten
1 großes Fladenbrot

1 Für die Linsenbällchen die Linsen in einem Topf in der Brühe bei mittlerer Hitze in 10–15 Minuten zugedeckt weich köcheln.

2 Inzwischen für den Spinat-Hummus die Kichererbsen gut abtropfen lassen und mit Zitronensaft, Spinat, Öl, Tahin, Kreuzkümmel, Salz, Curry- und Chilipulver in eine Schüssel geben. Den Knoblauch schälen und dazupressen. Alles mit einem Stabmixer fein und cremig pürieren. Den Hummus beiseitestellen.

3 Die Linsen in ein Sieb abgießen und etwas abkühlen lassen. In einen hohen Rührbecher geben und mit dem Stabmixer fein pürieren. Paniermehl, Mehl, Salz, beide Sorten Paprikapulver und Frühlingszwiebelringe untermengen und alles zu einem Teig verkneten. Mit den Händen etwa 16 kleine Bällchen aus dem Linsenteig formen. In einer Pfanne das Öl zum Braten erhitzen und die Bällchen darin nach und nach portionsweise bei mittlerer Hitze rundum braun braten. Auf Küchenpapier abtropfen lassen.

4 Den Salat waschen, trocken schütteln und zerzupfen. Die Paprika vierteln, entkernen, waschen und in feine Streifen schneiden. Die Tomaten waschen, je nach Größe halbieren oder vierteln. Das Brot vierteln, nach Belieben im Ofen aufbacken und waagerecht einschneiden. Spinat-Hummus sowie Salat, Paprika, Tomaten und je vier Linsenbällchen in die Brotviertel verteilen. In Frischhaltefolie gewickelt mitnehmen.

TIPP

In die Brote passt auch noch gerösteter Knoblauch. Dazu den Backofen auf 180 °C vorheizen. 1 kleine Knoblauchknolle am oberen Ende glatt abschneiden und die äußeren feinen Schalen abzupfen. 3 EL Olivenöl mit 1 TL Kräuter der Provence und 1 Prise Salz vermischen. Eine ofenfeste Form mit etwas Öl auspinseln, die Knoblauchknolle hineinsetzen, das restliche Öl darübergeben und im Ofen auf der mittleren Schiene in 30 Minuten weich backen.

Für 4 Wraps
Zubereitung: 30 Minuten

GEMÜSEWRAPS

Hier wird gesund und glutenfrei gerollt! Blanchierter Wirsing wickelt sich um einen speziellen Tempeh aus Lupinen, der ganz ohne Soja auskommt. Mit noch etwas Rotkohl und Orange im Gepäck bieten diese Röllchen echte Abwechslung zu herkömmlichen Wrap-Rezepten. Das Dressing einfach zum Dippen parat halten und die Gemüseröllchen damit genießen.

1 Für die Wraps die Wirsingblätter waschen und die dicken Blattadern herausschneiden. Die Brühe in einem Topf erhitzen und die Blätter darin bei mittlerer Hitze 2 Minuten blanchieren. Herausheben, mit kaltem Wasser abschrecken, trocken tupfen und beiseitelegen.

2 Den Tempeh in feine Streifen schneiden. Die Zwiebel schälen und in feine Streifen schneiden. Das Öl in einer Pfanne erhitzen und die Tempeh-Streifen darin bei starker Hitze anbraten. Die Zwiebelstreifen mitbraten, bis sie glasig sind. Mit Salz und Pfeffer würzen.

3 Den Rotkohl in feine Streifen schneiden, in einer Schüssel mit etwas Salz bestreuen und kräftig durchkneten. Die Orange schälen und filetieren, dabei den Orangensaft auffangen. Orangenfilets und -saft mit dem Rotkohl vermengen. Den Schnittlauch unterheben.

4 Für das Dressing den Sojajoghurt in einer Schüssel mit Petersilie, Öl, Salz, Pfeffer und Zimt verrühren. Die Wirsingblätter auf der Arbeitsfläche ausbreiten und je etwas Rotkohlsalat und Tempeh mittig daraufgeben. Die Blätter rechts und links über der Füllung einklappen und von unten beginnend vorsichtig aufrollen. Eventuell mit Küchengarn zubinden, damit sich die Rollen beim Transport nicht wieder auswickeln. In Backpapier, Alu- oder Frischhaltefolie gewickelt in die Lunchbox legen. Das Dressing separat mitnehmen.

Für die Wraps:
4 große Wirsingblätter
250 ml Gemüsebrühe
50 g Lupinen-Tempeh (aus dem Bioladen)
1 kleine rote Zwiebel
1 TL Kokosöl
Salz
frisch gemahlener weißer Pfeffer
100 g Rotkohl
½ Orange
1 EL Schnittlauchröllchen

Für das Dressing:
100 g Sojajoghurt
½ EL gehackte Petersilie
1 Spritzer Walnussöl
1 Msp. Salz
1 Prise frisch gemahlener weißer Pfeffer
1 Prise gemahlener Zimt

Für 2 Wraps
Zubereitung: 30 Minuten

ASIATISCHE GLASNUDELSALAT-WRAPS

Glasnudelsalat mal anders – nämlich verpackt in köstliche Wraps. Die Füllung bietet alles, was zu einem perfekten Glasnudelsalat gehört, extra verfeinert mit Cashewkernen. Das Ergebnis: fernöstlicher Genuss aus der Hand.

1 Zucchini
75 g Glasnudeln
½ Bund Frühlingszwiebeln
½ Zwiebel
1 rote Paprikaschote
1 kleine Knoblauchzehe
1 kleines Stück Ingwer (etwa 1 cm)
20 g Cashewkerne
2½ EL Sonnenblumenöl
2 EL Sojasauce
50 ml Kokosmilch
1 EL gehackte Korianderblätter
Meersalz
frisch gemahlener Pfeffer
1½ EL Limettensaft
¼ Kopf Eisbergsalat
2 Wraps
50 g süßsaure Sauce

1 Die Zucchini waschen und mit einem Spiralschneider in »Spaghetti« schneiden. Alternativ mit einem Sparschäler längs in dünne Scheiben und diese in feine Streifen schneiden. Mit den Nudeln 10 Minuten in eine große Schüssel mit warmem Wasser legen, bis die Nudeln weich sind. Nudeln und Zucchini in ein Sieb abgießen, abtropfen lassen, zurück in die Schüssel geben und beiseitestellen.

2 Frühlingszwiebeln und Zwiebel waschen beziehungsweise schälen und in feine Streifen schneiden. Die Paprika vierteln, entkernen, waschen und ebenfalls in feine Streifen schneiden. Knoblauch und Ingwer schälen und fein hacken. Die Cashewkerne in einer Pfanne ohne Öl goldbraun rösten.

3 Das Öl in einer Pfanne erhitzen. Frühlingszwiebeln, Zwiebel und Paprika darin bei starker Hitze anrösten. Knoblauch und Ingwer kurz mit anrösten. Das Ganze mit Sojasauce und Kokosmilch ablöschen und den Koriander dazugeben. Cashewkerne untermischen.

4 Das Pfannengemüse mit der Zucchini-Glasnudel-Mischung in der Schüssel vermengen und mit Salz, Pfeffer und Limettensaft abschmecken. Den Eisbergsalat in einzelne Blätter teilen, diese waschen, trocken schütteln und etwas zerzupfen. Die Wraps nach Packungsangabe kurz erwärmen und auf der Arbeitsfläche ausbreiten. Mit süßsaurer Sauce bestreichen, mit Eisberg- sowie Glasnudelsalat belegen und fest aufrollen. In Backpapier, Alu- oder Frischhaltefolie gewickelt mitnehmen.

TIPP

Einen Wrap in ein Stück Backpapier rollen und diagonal durchschneiden. Sieht lecker aus und lässt sich so ohne zu kleckern verspeisen!

Für 2 große Wraps
Zubereitung: 30 Minuten

SPINAT-TOFU-SCRAMBLE-WRAP
MIT RUCOLA

Für den Spinat:
1 kleine weiße Zwiebel
1 Knoblauchzehe
½ EL vegane Margarine
100 g Spinat (TK)
1 EL Hafersahne

Für das Tofu-Scramble:
1 kleine Zwiebel
1 große Tomate
½ rote Paprikaschote
250 g Tofu
3 EL Olivenöl
¾ TL gemahlene Kurkuma
1½ TL Currypulver
2 EL Sojasauce
2 EL Sojamilch
Salz
frisch gemahlener Pfeffer
2 EL Schnittlauchröllchen

Außerdem:
40 g Rucola
2 große Wraps

Wer braucht schon Ei, wenn man Tofu hat? Die Antwort liefert dieses köstliche Tofu-Scramble, quasi ein pflanzliches Rührei, das mit dem Spinat super harmoniert. Kompakt aufgerollt in einem Wrap ideal zum Verspeisen.

1 Für den Spinat Zwiebel und Knoblauch schälen, Zwiebel würfeln und Knoblauch durchpressen. Die Margarine in einer Pfanne zerlassen und die Zwiebel darin bei mittlerer Hitze anschwitzen. Den Spinat dazugeben und zugedeckt etwas zusammenfallen lassen. Sahne sowie Knoblauch unterrühren und alles eindicken lassen.

2 Für das Tofu-Scramble die Zwiebel schälen und hacken. Die Tomate waschen, halbieren, von Stielansatz und Samen befreien und hacken. Die Paprika entkernen, waschen und ebenfalls hacken. Den Tofu mit den Fingern zerbröseln. Das Öl in einer Pfanne erhitzen und Zwiebel sowie Tofubrösel darin bei starker Hitze 1 Minute anbraten, dann bei mittlerer Hitze goldbraun braten. Die Mischung wenden, Paprika, Kurkuma und Currypulver dazugeben und alles 3–4 Minuten weiterbraten. Mit der Sojasauce ablöschen und 3–4 Minuten kochen lassen. Tomatenwürfel und Sojamilch dazugeben, alles mit Salz und Pfeffer abschmecken und noch etwas einköcheln lassen. Die Pfanne vom Herd ziehen und zum Schluss den Schnittlauch unter das Tofu-Scramble heben.

3 Zum Fertigstellen den Rucola waschen und trocken schütteln. Die Wraps nach Packungsangabe erwärmen und auf der Arbeitsfläche auslegen. Den Spinat mittig auf die Fladen streichen, dann das Tofu-Scramble darauf verteilen und den Rucola darauflegen. Jeweils die linke und die rechte Seite der Wraps einschlagen, die untere Hälfte umklappen, leicht andrücken und die Wraps fest aufrollen. Nach Belieben mittig durchschneiden und in Alufolie gewickelt mitnehmen.

Für 1 großen oder 2 kleine Burritos
Zubereitung: 15 Minuten
+ 15 Minuten Kochzeit

SAFTIGER REIS-BOHNEN-BURRITO MIT SALSA

1 Für den Reis das Öl in einem Topf erhitzen. Den Reis darin bei mittlerer Hitze anbraten. Mit 130 ml Wasser und der Salsa ablöschen und das Salz hinzufügen. Bei starker Hitze aufkochen, dann zugedeckt bei schwacher Hitze in 10–15 Minuten gar köcheln lassen.

2 Währenddessen für die Bohnen die Zwiebel schälen und fein würfeln. Die Bohnen in ein Sieb abgießen und gut abtropfen lassen. Das Öl in einer Pfanne erhitzen, Zwiebel sowie Bohnen darin bei starker Hitze anbraten. Die Hitze reduzieren. Die Bohnenmischung mit Knoblauch- und Zwiebelpulver, Salz und Sriracha-Sauce abschmecken. 80 ml Wasser dazugeben und alles 2–3 Minuten einköcheln lassen. Die Bohnenmischung mit einem Kartoffelstampfer zu einem stückigen Püree zerdrücken. Sollte das Püree zu trocken sein, mehr Wasser hinzufügen. Nochmals abschmecken.

3 Die Avocado schälen und den Stein entfernen, das Fruchtfleisch in Spalten schneiden. Den Tortillafladen nach Packungsangabe erwärmen und auf der Arbeitsfläche auslegen. Mittig dick mit Reis bestreichen und die Bohnen daraufgeben. Avocadospalten darauflegen und nach Belieben Sriracha-Sauce darüberträufeln und Petersilienblätter darüberstreuen. Die linke und rechte Seite des Tortillafladens einschlagen, die untere Hälfte umklappen, leicht andrücken und fest aufrollen. Nach Belieben in einer Pfanne etwas Öl erhitzen und den Burrito bei starker Hitze kurz anbraten, so hält er richtig gut zusammen und wird noch schmackhafter. In Alufolie gewickelt mitnehmen.

Für den Reis:
1 EL Olivenöl
100 g Jasminreis
100 g vegane scharfe Salsa
½ TL Salz

Für die Bohnen:
½ Zwiebel
200 g Kidneybohnen (aus der Dose)
2 EL Olivenöl, plus etwas mehr zum Braten
½ TL Knoblauchpulver
½ TL Zwiebelpulver
1 Prise Salz
Sriracha-Sauce zum Abschmecken (scharfe Chilisauce, aus dem Asialaden; ersatzweise eine andere Chilisauce)
½ Avocado
1 sehr großer (siehe Tipp) oder 2 kleine Tortillafladen
Petersilie zum Bestreuen (nach Belieben)

TIPP Die in Bio- oder Supermärkten erhältlichen Tortillafladen sind oft sehr klein. In türkischen Lebensmittelgeschäften gibt es größere Fladen zu kaufen. Statt Sriracha-Sauce können auch andere vegane scharfe Saucen verwendet werden.

Für 5 Hotdogs
Zubereitung: 30 Minuten
+ 30 Minuten Dämpfzeit

Für die veganen Würste:
160 g Glutenmehl (Weizengluten)
10 g zarte Haferflocken
20 g Kichererbsenmehl
je 1 TL scharfes und geräuchertes Paprikapulver
10 g Hefeflocken
2 TL Knoblauchpulver
¾ TL Salz
½ TL frisch gemahlener Pfeffer
140 g mittelfester Tofu
110 ml Gemüsebrühe
60 ml Olivenöl
2 EL Sojasauce

Außerdem:
5 Hotdog-Brötchen
Tomatenketchup
10 Essiggurkenscheiben
Senf, vegane Mayonnaise, Röstzwiebeln (nach Belieben)

HOMEMADE HOTDOGS

1 Für die Würste Glutenmehl, Haferflocken, Kichererbsenmehl, scharfes und geräuchertes Paprikapulver, Hefeflocken, Knoblauchpulver, Salz und Pfeffer in einer Schüssel mischen. Tofu, Brühe, 50 ml Öl und Sojasauce in einem Mixer zu einer glatten Paste pürieren. Die Paste zur Mehlmischung in die Schüssel geben und alles rasch zu einem glatten Teig verkneten. Den Teig in fünf Portionen teilen und jede Portion zu einer etwa 15 cm langen Wurst formen.

2 Die Würste einzeln fest in Alufolie wickeln, die Folienenden wie ein Bonbonpapier zusammendrehen. In einen Dämpfeinsatz legen und zugedeckt über heißem Wasser 30 Minuten dämpfen. Abkühlen lassen und aus der Folie wickeln. Das restliche Öl (10 ml) in einer Pfanne erhitzen und die Würste darin bei mittlerer Hitze 4–5 Minuten rundum anbraten.

3 Zum Servieren die Hotdog-Brötchen erwärmen, aufschneiden, in jedes Brötchen etwas Ketchup, 1 Wurst und 2 Gurkenscheiben legen. Nach Belieben Senf oder vegane Mayonnaise darübergeben und mit Röstzwiebeln bestreuen.

Für 5 Currywürste
Zubereitung: 20 Minuten

Für die Currysauce:
1 große Zwiebel
5 EL Olivenöl
160 g Tomatenketchup
100 ml Gemüsebrühe
4 gehäufte TL süßes Currypulver, plus etwas mehr zum Bestäuben
½ TL Chilipulver
Salz
frisch gemahlener Pfeffer
1 gehäufter TL Zucker

Außerdem:
5 vegane Würste (siehe oben)

HOMEMADE CURRYWURST

1 Für die Currysauce die Zwiebel schälen und sehr fein hacken. Das Öl in einem Topf erhitzen und die Zwiebel darin bei mittlerer Hitze anbraten. Ketchup und Brühe dazugeben. Die Hitze reduzieren, Currypulver, Chilipulver, Salz, Pfeffer und Zucker unterrühren und alles leicht einköcheln lassen.

2 Zum Servieren die Würste kurz erwärmen, in mundgerechte Stücke schneiden, mit der Currysauce überziehen und mit Currypulver bestäuben.

TIPP

Die Würste lassen sich gut einfrieren oder auch 2–3 Tage im Kühlschrank aufbewahren.

Für 4 Brötchen
Zubereitung: 20 Minuten
+ 30 Minuten Gehzeit
+ 20 Minuten Backzeit

MEDITERRAN GEFÜLLTE WEIZENBRÖTCHEN

Für den Teig:
400 g Weizenmehl (Type 1050)
1 TL Salz
1 Päckchen Trockenhefe
1½ EL feiner Rohrzucker
1 TL Brotgewürz
1–2 EL geschrotete Leinsamen
50 ml Olivenöl

Für die Füllung:
1 Schalotte
170 g Basilikum-Tofu (oder Tofu rosso oder halb, halb)
1 TL getrocknetes Basilikum
1 TL Kräuter der Provence
½ TL getrockneter Oregano
½ TL Salz
1 Prise frisch gemahlener Pfeffer
5 getrocknete Tomaten (in Öl)
1 EL Olivenöl
40 g Sojasahne
15 entsteinte Kalamata-Oliven

Für die Deko:
2 EL Sojasahne
1½ EL Leinsamen
1 TL Kräuter der Provence

Das liegt prima in der Hand: Selbst gebackene Weizenbrötchen mit einer Füllung, die mediterrane Gefühle aufkommen lässt. Kräuter der Provence, Oregano und Basilikum kommen in einem spektakulären Mix mit Tofu, Tomaten und Oliven zusammen. Abbeißen, genießen und nicht kleckern, sondern klotzen – so funktioniert die perfekte Lunchbox.

1 Für den Teig Mehl, Salz, Trockenhefe, Rohrzucker, Brotgewürz und Leinsamen in einer Schüssel mit dem Schneebesen vermengen. Das Öl und 200 ml lauwarmes Wasser dazugeben und alles mit den Händen etwa 10 Minuten zu einem geschmeidigen Hefeteig verkneten (kräftig kneten, damit viel Luft in den Teig kommt). Den Teig zugedeckt 30 Minuten an einem warmen Ort gehen lassen.

2 Inzwischen für die Füllung die Schalotte schälen und grob würfeln. Mit Tofu, Basilikum, Kräutern der Provence, Oregano, Salz, Pfeffer und getrockneten Tomaten im Mixer pürieren. Dann Olivenöl und Sojasahne hinzufügen und alles zu einer streichfähigen, nicht zu krümeligen Masse verarbeiten. Die Oliven je nach Größe halbieren oder vierteln und zum Schluss mit einem Löffel unter die Masse ziehen. Nach Belieben nochmals mit Salz und Pfeffer abschmecken.

3 Den Backofen auf 200 °C vorheizen. Ein Backblech mit Backpapier auslegen. Den Teig in vier gleich große Stücke teilen, jedes Stück mit den Händen zu einem Fladen flach drücken. Auf jeden Fladen je ein Viertel der Füllung geben, den Teigrand darüberklappen, fest zusammendrücken und etwas glatt streichen. Das Brötchen umdrehen, auf der Oberfläche noch etwas nachformen und abrunden.

4 Die Brötchen auf das Backpapier setzen, gut mit Sojasahne bestreichen und mit Leinsamen sowie Kräutern der Provence bestreuen. Im Ofen auf der mittleren Schiene etwa 18 Minuten backen. Auf einem Kuchengitter vollständig abkühlen lassen.

Für eine Kastenform von 25 cm Länge
Zubereitung: 10 Minuten
+ 30 Minuten Gehzeit
+ 1 Stunde Backzeit

ZUCCHINIKUCHEN

Ein Kuchen als Pausenbrot? Und was für einer! Mit Zucchini, Möhre und edlen Macadamianüssen ist diese vitaminreiche Brotzeit die perfekte Begleitung für unterwegs. Und wandelbar zeigt sich unser Begleiter auch noch: Mit pikantem oder süßem Aufstrich oder Belag erfüllt er jeden Geschmackswunsch, ganz nach Belieben.

1 große oder 2 kleine Zucchini
1 kleine Möhre
75 g Macadamianüsse
230 g Mehl (Type 550)
1 Prise Salz
1 Prise gemahlener Zimt
1 Päckchen Backpulver
80 g Rohrohrzucker
Saft von ½ Zitrone
vegane Margarine für die Form

1 Zucchini waschen und Möhre schälen, beides raspeln. Die Nüsse hacken und mit Mehl, Salz, Zimt, Backpulver, Zucker und Zitronensaft in einer Schüssel vermengen. Zucchini und Möhren unterkneten, dann 150 ml Wasser dazugeben und alles zu einem homogenen Teig verkneten. Den Teig zugedeckt etwa 30 Minuten gehen lassen.

2 Den Backofen auf 180 °C vorheizen. Die Form einfetten, den Teig einfüllen und im Ofen auf der unteren Schiene etwa 1 Stunde backen. Mit einem Holzstäbchen in die Mitte des Kuchens stechen und das Stäbchen wieder herausziehen. Wenn kein Teig mehr daran haftet, ist der Kuchen fertig. 10 Minuten in der Form abkühlen lassen, dann auf ein Kuchengitter stürzen und vollständig abkühlen lassen.

TIPP

Für eine süße Variante 75 g Puderzucker und 2 EL Zitronensaft zu einer Glasur verrühren und über den Kuchen geben; oder diesen alternativ mit geschmolzener veganer Kuvertüre bestreichen und mit gehackten Nüssen bestreuen. Kinder lieben den Kuchen mit Konfitüre und Erdnussbutter. Für eine pikante Variante die Kuchenscheiben mit herzhaftem Aufstrich bestreichen und mit Salat, Gurken und Tomaten belegen.

Gemüse Pasta & Reis

Für den grossen Hunger

Deftiges zum Satt werden

Für 1 große oder 2 kleine Lunchbox-Portionen
Zubereitung: 15 Minuten

MEDITERRAN GEFÜLLTE TOMATEN

4 Tomaten
60 g Rucola
6 entsteinte schwarze Oliven
100 g Hot Cashew-Frischkäse (siehe Seite 94)
2 EL Dinkelsahne
½ TL Arganöl
je 1 Prise Salz, frisch gemahlener Pfeffer, getrockneter Oregano und getrockneter Rosmarin

Ein ganz schnell gezaubertes kleines Festmahl für den Alltag sind diese vollreifen Tomaten in der Lunchbox. Serviert werden sie mit einer cremigen Füllung aus hausgemachtem Cashewkäse, pflanzlicher Sahne, wertvollem Arganöl, Rucola und schwarzen Oliven – die verleiht viel neuen Schwung. Deckel drauf und fertig!

1 Die Tomaten waschen und jeweils mit dem Stielansatz einen kleinen Deckel abschneiden. Die Tomaten mit einem Löffel aushöhlen und die Samen entfernen, das Fruchtfleisch grob hacken. Den Rucola waschen, trocken schütteln und sehr fein hacken. Die Oliven hacken.

2 Hot-Cashew-Frischkäse, Sahne und Öl in einem hohen Rührbecher mit dem Stabmixer glatt pürieren. Gehackte Tomaten, Rucola und Oliven unterheben. Die Füllung mit Salz, Pfeffer, Oregano sowie Rosmarin abschmecken und in die ausgehöhlten Tomaten verteilen. Die Tomatendeckel wieder daraufsetzen. Dazu schmeckt rustikales Brot.

Für 1 große oder 2 kleine Lunchbox-Portionen
Zubereitung: 25 Minuten

AUBERGINENSCHNITZEL
MIT KNOBLAUCHCREME

Der Hunger ist groß? Appetit auf etwas richtig Deftiges? Dann sind die Auberginen in ihrer würzig-knusprigen Hülle aus Hefeflocken und Paprikapulver genau das Richtige und alles andere als langweilig. Die Knoblauchcreme ist fix fertig und lädt zum eifrigen Dippen ein. Ein feines Hauptgericht mit hohem Genussfaktor!

Für die Schnitzel:
1 große Aubergine
Salz
100 g Mehl (Type 550)
frisch gemahlener weißer Pfeffer
200 g kalte Hafersahne
½ TL edelsüßes Paprikapulver
2 TL Hefeflocken
100 g Panko (aus dem Asialaden; ersatzweise Paniermehl)
50 ml Olivenöl

Für die Knoblauchcreme:
1 Knoblauchzehe
100 g vegane Mayonnaise (siehe Seite 57)

1 Für die Schnitzel die Aubergine waschen und beide Enden abschneiden. Die Aubergine längs in 2 cm dicke Scheiben schneiden. Die Scheiben auf beiden Seiten salzen, auf eine dicke Lage Küchenpapier legen, mit einem Küchenbrett beschweren und 10 Minuten ruhen lassen, um dem Gemüse die Flüssigkeit zu entziehen.

2 Inzwischen das Mehl bis auf 1 EL auf einen flachen Teller geben und mit Salz und 1 Prise Pfeffer würzen. Das übrige Mehl (1 EL) nach und nach in die kalte Sahne einrühren. Die Sahnemischung mit Salz, 1 TL Pfeffer, Paprikapulver und Hefeflocken sehr pikant abschmecken. Den Panko auf einen weiteren Teller geben.

3 Die Auberginenscheiben trocken tupfen. Die Scheiben zunächst im Mehl wenden, dann durch die Sahne ziehen und zum Schluss im Panko wenden. Das Öl in einer Pfanne erhitzen und die Auberginenschnitzel darin portionsweise bei mittlerer Hitze beidseitig goldbraun braten. Auf einem Kuchengitter abtropfen lassen.

4 Für die Creme den Knoblauch schälen, fein würfeln und mit der Mayonnaise verrühren. Die Schnitzel schmecken warm oder kalt. Schnitzel und Creme separat verpackt mitnehmen und dazu ein knuspriges Fladenbrot und/oder einen frischen Salat reichen.

Für 1 große oder 2 kleine Lunchbox-Portionen
Zubereitung: 30 Minuten

GEFÜLLTE SÜSS-KARTOFFELN
MIT LINSEN-AVOCADO-SALAT UND GRAPEFRUIT-DIP

Für die Süßkartoffeln und den Linsen-Avocado-Salat:
2 kleine Süßkartoffeln
150 g Belugalinsen
100 ml Gemüsebrühe
1 Avocado (Sorte Hass)
1 kleine rote Zwiebel
½ rote Chilischote
1 EL Weißweinessig
2 EL Olivenöl
Meersalz
frisch gemahlener Pfeffer

Für den Grapefruit-Dip:
100 g veganer Frischkäse
Saft und abgeriebene Schale von ¼ Bio-Grapefruit
1 Prise Cayennepfeffer
1 Prise Chiliflocken
Salz
frisch gemahlener Pfeffer

Wer es ausgefallen liebt, ist bei diesem Rezept an der richtigen Adresse. Gebackene Süßkartoffeln werden mit einem Linsen-Avocado-Salat serviert, das Ganze toppen wir mit einem Dip, der aus veganem Frischkäse, Grapefruit und Gewürzen hergestellt wird.

1 Den Backofen auf 200 °C vorheizen. Die Süßkartoffeln waschen, trocken tupfen, mit einer Gabel einstechen und im Ofen auf der mittleren Schiene 25 Minuten backen.

2 Währenddessen für den Salat die Linsen in der Brühe nach Packungsangabe bissfest garen. Die Avocado halbieren und den Stein entfernen. Das Fruchtfleisch mit einem Löffel aus der Schale lösen und fein würfeln. Die Zwiebel schälen und fein hacken. Die Chilischote halbieren, entkernen, waschen und fein hacken. Die Linsen in ein Sieb abgießen, abtropfen lassen und in einer Schüssel mit Avocado, Zwiebel und Chilischote mischen. Essig, Öl, Salz und Pfeffer zu einem Dressing verrühren und dieses vorsichtig mit der Linsenmischung vermengen.

3 Für den Dip den Frischkäse mit Grapefruitsaft und -schale, Cayennepfeffer und Chiliflocken glatt rühren. Den Dip mit Salz und Pfeffer abschmecken.

4 Die Süßkartoffeln – in Alufolie gewickelt – sowie Füllung und Dip separat verpackt mitnehmen. Zum Servieren die Kartoffeln nach Belieben nochmals erwärmen und längs einschneiden oder halbieren. Die Füllung hineingeben und den Dip dazureichen.

Für 1 große oder 2 kleine Lunchbox-Portionen
Zubereitung: 35 Minuten
+ 30 Minuten Durchziehzeit

GEGRILLTE MINI-PAPRIKAS MIT BUNTEM BULGUR

Pimientos de Padrón heißen die hübschen kleinen Paprikaschoten, die aus dem spanischen Galizien zu uns kommen, im Backofen gegrillt werden und – nicht nur – zum bunten Bulgur so viel Freude machen. Verfeinert wird die farbenfrohe Köstlichkeit mit einem orientalisch angehauchten Dressing. Das perfekte Lunchbox-Rezept!

Für die Mini-Paprikas:
- 300 g Pimientos de Padrón (kleine grüne Paprikaschoten)
- 2 EL Olivenöl
- 1 Msp. Meersalz
- 1 Prise frisch gemahlener Pfeffer
- 1 Zweig Rosmarin (nach Belieben)

Für den Bulgur:
- 1 kleine Zwiebel
- 1 EL Öl
- 80 g Bulgur
- 250 ml Gemüsebrühe
- ½ Bund Frühlingszwiebeln
- 1 gelbe Spitzpaprikaschote
- 3 Kirschtomaten
- 5 entsteinte Datteln
- 3–4 Stängel glatte Petersilie

Für das Dressing:
- abgeriebene Schale und Saft von ½ kleinen Bio-Zitrone
- 1½ EL Arganöl
- 1 TL heller Balsamico-Essig
- 1 TL Tomatenmark
- ½ TL Harissa (scharfe oriental. Würzpaste)
- ½ TL Salz
- 1 Prise frisch gemahlener Pfeffer
- ½ TL Ras el-Hanout (marok. Gewürzmischung)
- 1 TL Agavendicksaft

1 Für die Paprika den Backofen auf 200 °C vorheizen. Die Pimientos de Padrón waschen, mit Küchenpapier trocken tupfen und nebeneinander in eine ofenfeste Form legen. Mit Öl beträufeln und mit Salz sowie Pfeffer würzen. Nach Belieben den Rosmarin waschen, trocken schütteln, hacken und über die Pimientos streuen. Die Mini-Paprikas im Ofen auf der mittleren Schiene 20 Minuten backen.

2 Währenddessen für den Bulgur die Zwiebel schälen und fein würfeln. Das Öl in einem Topf erhitzen und die Zwiebelwürfel sowie den Bulgur darin bei mittlerer Hitze andünsten. Die Brühe dazugießen, alles gut verrühren und den Bulgur zugedeckt bei schwacher Hitze etwa 10 Minuten quellen lassen. Den Topf vom Herd nehmen und den Bulgur darin abkühlen lassen.

3 Inzwischen die Frühlingszwiebeln waschen, von den Wurzelansätzen befreien und in feine Ringe schneiden. Die Spitzpaprika vierteln, entkernen, waschen und in mundgerechte Stücke schneiden. Die Tomaten waschen und halbieren, die Datteln fein würfeln. Die Petersilie waschen, trocken schütteln und fein hacken.

4 Für das Dressing alle Zutaten in einer kleinen Schüssel gut verrühren. Bulgur mit Frühlingszwiebeln, Spitzpaprika, Tomaten, Datteln sowie Petersilie vermischen und mit dem Dressing anmachen. Mindestens 30 Minuten durchziehen lassen. Bulgur und Mini-Paprikas separat verpackt mitnehmen. Zum Servieren die Mini-Paprikas auf den Bulgur legen oder dazureichen. Lässt sich klasse am Vorabend zubereiten.

Für 1 große oder 2 kleine Lunchbox-Portionen
Zubereitung: 35 Minuten

QUINOA-BÄLLCHEN
MIT MINZSAUCE

Diese kleinen Bällchen erfreuen nicht nur das Genießer-Auge, sondern sind auch noch reich an gesundem Eiweiß. Die erfrischende Minz-Joghurt-Sauce mit ihrer feinen Zitronennote verleiht den warm oder kalt so unglaublich leckeren runden Sachen das richtige Finish.

Für die Quinoa-Bällchen:
150 g Quinoa
225 ml Gemüsebrühe
1 kleine Zwiebel
1 kleine rote Paprikaschote
½ Bund Frühlingszwiebeln
1 EL Olivenöl, plus etwas mehr zum Braten
125 g Vollkornpaniermehl
2 TL Lupinenmehl (aus dem Bioladen)
½ TL Kräutersalz
1 Msp. gemahlener indischer Tellicherry-Pfeffer (aus dem Feinkosthandel, alternativ schwarzer Pfeffer)
½ TL Currypulver
1 Prise Rohrohrzucker

Für die Minzsauce:
3 Stängel Minze
1 Knoblauchzehe (nach Belieben)
abgeriebene Schale und Saft von ½ kleinen Bio-Zitrone
200 g Sojajoghurt
Salz
frisch gemahlener weißer Pfeffer

1 Für die Bällchen die Quinoa in einem Sieb abbrausen, bis das Wasser klar bleibt. In der Brühe aufkochen und bei mittlerer Hitze köcheln lassen, bis die Quinoa die Brühe vollständig aufgenommen hat. Inzwischen die Zwiebel schälen und fein würfeln. Die Paprika vierteln, entkernen, waschen und in kleine Würfel schneiden. Die Frühlingszwiebeln waschen, von den Wurzelansätzen befreien und in feine Ringe schneiden. Das Öl in einer Pfanne erhitzen und Zwiebel, Paprika sowie Frühlingszwiebeln darin bei mittlerer Hitze glasig andünsten. Etwas abkühlen lassen.

2 Für die Sauce die Minze waschen, trocken schütteln und fein hacken. Nach Belieben den Knoblauch schälen und fein würfeln. Minze, Knoblauch, Zitronenschale und -saft mit dem Joghurt glatt rühren. Mit Salz und Pfeffer würzen.

3 Quinoa, Gemüsemischung, Panier- und Lupinenmehl, Salz, Pfeffer, Currypulver und Zucker gut vermengen. Die Masse mit den Händen zu Bällchen formen (siehe Tipp). Etwas Öl in einer Pfanne erhitzen und die Bällchen darin bei mittlerer Hitze rundum goldbraun braten. Aus der Pfanne nehmen und auf Küchenpapier abtropfen lassen. Bällchen und Sauce separat verpackt mitnehmen – sie schmecken warm und kalt. Dazu passt Naanbrot oder Salat.

TIPP Mit angefeuchteten Händen lassen sich die Bällchen besonders gut formen, sie sollen ganz rund werden und etwa die Größe eines Tischtennisballs haben.

Für 4 Polentapäckchen
Zubereitung: 20 Minuten
+ 30 Minuten Backzeit

POLENTAPÄCKCHEN
MIT SOJA, GEMÜSE UND GRÜNER MOJO

1 Für die Füllung die Sojaschnetzel in einer Schüssel mit der Gemüsebrühe übergießen und 5 Minuten einweichen. In ein Sieb abgießen, abtropfen lassen und etwas abkühlen lassen. Mit den Händen so viel Flüssigkeit wie möglich herausdrücken.

2 In einer kleinen Schüssel Majoran, Thymian, scharfes und edelsüßes Paprikapulver, Petersilie, Oregano, Muskat, Zwiebelpulver und Salz mischen. 4 EL Olivenöl dazugeben und alles zu einer dünnen Paste verrühren. Die Paste über die Sojaschnetzel geben und mit den Händen einkneten. Beiseitestellen.

3 Für die Polenta Gemüsebrühe und Sojamilch in einem großen Topf aufkochen, die Polenta unter Rühren einrieseln lassen und alles zu einer glatten Masse verrühren. Die Margarine unterrühren. Die Herdplatte ausschalten und die Polenta zugedeckt 10 Minuten quellen lassen.

4 Inzwischen den Backofen auf 180 °C vorheizen. Zum Fertigstellen der Füllung in einer Pfanne 2 EL Olivenöl erhitzen und die Sojaschnetzel darin bei starker Hitze rundum anbraten. Beiseitestellen und abkühlen lassen. Tomaten und Zucchini waschen, Zucchini quer halbieren und in dünne Scheiben schneiden. Die Paprika vierteln, entkernen, waschen und in Würfel schneiden.

5 Die Polenta mit Salz und Pfeffer abschmecken, auf vier Stücke Alufolie (je etwa 40 x 40 cm) verteilen und etwas verstreichen. Je ein Viertel des Gemüses und der Sojaschnetzel auf die Polenta geben. Mit dem restlichen Öl (2 EL) beträufeln. Jedes Stück Alufolie zu einem Päckchen bzw. einer Rolle packen, sodass die Polenta über der Füllung zusammengeschlagen wird und keine Luft mehr entweichen kann. Die Päckchen auf ein Backblech legen und im Ofen auf der mittleren Schiene etwa 30 Minuten backen.

6 Inzwischen für die Mojo die Petersilie waschen, trocken schütteln und grob hacken. Mit Kreuzkümmel, Öl, Zitronensaft und Salz in einem Mixer glatt pürieren. Die Polentapäckchen und die Mojo separat verpackt mitnehmen.

Für die Füllung:
75 g grobe Sojaschnetzel (aus dem Bioladen)
250 ml heiße Gemüsebrühe
je 1 TL getrockneter Majoran und Thymian
je ½ TL scharfes und edelsüßes Paprikapulver
je 1 Msp. getrocknete Petersilie und getrockneter Oregano
1 Prise frisch geriebene Muskatnuss
1 TL Zwiebelpulver
1 Prise Salz
8 EL Olivenöl
12 Kirschtomaten
1 kleine Zucchini
1 rote Paprikaschote

Für die Polenta:
200 ml Gemüsebrühe
200 ml Sojamilch
200 g feine Polenta (Maisgrieß)
1 EL vegane Margarine
Salz
frisch gemahlener Pfeffer

Für die grüne Mojo:
1 kleines Bund krause Petersilie
1 TL Kreuzkümmel
150 ml Olivenöl
1 Spritzer Zitronensaft
1 Prise Salz

Für 1 große oder 2 kleine Lunchbox-Portionen
Zubereitung: 20 Minuten
+ 15 Minuten Garzeit

KARTOFFELRISOTTO

Wir können auch anders – unser Lunchbox-Risotto wird aus Kartoffeln gemacht. Er entführt uns eine Mittagspause lang mit Oliven, Kapern und getrockneten Tomaten kulinarisch in mediterrane Gefilde – beim Verzehren vom Sommerurlaub zu träumen ist ausdrücklich erlaubt!

400 g neue Kartoffeln
1 Schalotte
1 kleine Knoblauchzehe
1 kleine rote Paprikaschote
2 EL Olivenöl
3 EL vegane Margarine
25 g Kapern (aus dem Glas)
40 g entsteinte schwarze Oliven
50 g getrocknete Tomaten (in Öl)
25 ml Weißwein
1 TL Balsamico-Essig
400 ml Gemüsebrühe
½ TL Meersalz
1 Msp. frisch gemahlener Pfeffer
1 Msp. getrocknetes Basilikum
1 Msp. getrockneter Rosmarin
1 Msp. getrockneter Thymian
1 Msp. Rohrohrzucker
2 EL Schnittlauchröllchen

1 Die Kartoffeln schälen und in kleine Würfel schneiden. Schalotte und Knoblauch schälen und fein würfeln. Die Paprika vierteln, entkernen, waschen und in kleine Würfel schneiden.

2 Öl und Margarine in einem Topf erhitzen und Kartoffeln, Schalotte, Knoblauch sowie Paprika darin bei mittlerer Hitze andünsten. Kapern, Oliven und Tomaten fein hacken, in die Pfanne geben und kurz aufkochen. Mit Wein und Essig ablöschen, die Brühe angießen und alles unter Rühren 15 Minuten garen.

3 Den Risotto mit Salz, Pfeffer, Basilikum, Rosmarin, Thymian und Zucker würzen und die Schnittlauchröllchen unterheben. In eine Lunchbox füllen und mitnehmen.

Für 1 große oder 2 kleine Lunchbox-Portionen
Zubereitung: 40 Minuten

MAIS-FRITTATAS
MIT MANGOCHUTNEY

Süß trifft pikant: Zu diesem genussreichen Gipfeltreffen kommen knusprig gebackene Mais-Frittatas mit Zucchini und süß-erfrischendes Mangochutney zusammen. Eine leicht scharfe Chili- und Ingwer-Note belebt diese spannende Kombination zusätzlich.

Für die Mais-Frittatas:
1 Zucchini
Salz
100 g Mais (aus der Dose)
40 g Maismehl
75 g Kichererbsenmehl (aus dem Bioladen)
½ TL Natron
50 ml Gemüsebrühe
1 EL Paprikamark (alternativ Tomatenmark)
2 EL gehacktes Frühlingszwiebelgrün
frisch gemahlener Pfeffer
Olivenöl zum Braten

Für das Mangochutney:
½ Mango
1 rote Zwiebel
1 Stück Ingwer (2,5 cm)
1 EL Olivenöl
2 EL Weißweinessig
2 EL Rohrohrzucker
1 TL süßes Currypulver
2 EL Zitronensaft
1 Msp. Chilipulver

1 Für die Frittatas die Zucchini waschen, fein raspeln und in einer Schüssel mit ½ TL Salz vermengen. In einem Sieb abtropfen lassen. Den Mais ebenfalls abtropfen lassen, in eine Schüssel geben und einen Teil der Körner mit einer Gabel zerdrücken.

2 Maismehl, Kichererbsenmehl und Natron in einer Schüssel mit einem Schneebesen vermengen. Brühe mit Paprikamark und Frühlingszwiebelgrün verrühren und zur Mehlmischung geben. Die Zucchini gut ausdrücken, mit dem Mais zur Mehlmischung geben und alles zu einem Teig verkneten. Den Teig mit Salz und Pfeffer abschmecken und in sechs Portionen teilen. Jede Portion zu einem kleinen flachen Küchlein formen. In einer Pfanne Öl erhitzen und die Frittatas darin portionsweise bei mittlerer Hitze auf beiden Seiten goldbraun braten. Auf Küchenpapier abtropfen lassen.

3 Für das Chutney die Mango schälen, das Fruchtfleisch vom Stein lösen und in feine Würfel schneiden. Zwiebel sowie Ingwer schälen und jeweils fein würfeln. Das Öl in einem kleinen Topf erhitzen und die Zwiebel darin bei mittlerer Hitze anschwitzen, den Ingwer dazugeben und kurz mit anschwitzen. Mango, Essig, Zucker, Currypulver, Zitronensaft, Chilipulver und 2 EL Wasser dazugeben und alles unter Rühren etwa 5 Minuten köcheln lassen, bis das Fruchtfleisch leicht musig mit größeren Stücken ist. Das Chutney in ein heiß ausgespültes Twist-off-Glas füllen, fest verschließen und abkühlen lassen. Frittatas und Chutney separat verpackt mitnehmen. Die Frittatas schmecken warm oder kalt.

TIPP Lecker schmeckt das Chutney mit ein wenig frisch gehackter Minze.

Für 1 große oder 2 kleine Lunchbox-Portionen
Zubereitung: 25 Minuten
+ 20 Minuten Backzeit

SPAGHETTI-FRITTATA

Die kleinen Nudelnester sind wahrlich prädestiniert für die Lunchbox. Unsere Spaghetti-Frittatas vereinen nicht nur alle Pluspunkte eines köstlichen Pastagerichts. Kross gebacken schmecken sie gleich noch einmal so gut und der Clou: Diese Pasta findet ihren Weg ganz einfach aus der Hand in den Mund.

Für die Frittata:
150 g Vollkornspaghetti
Salz
30 g Räuchertofu
1 kleine Zwiebel
30 g entsteinte grüne Oliven
1 EL Olivenöl
100 g Sojasahne
60 g veganer Pizzakäse
1 Msp. Kräutersalz
1 Prise frisch gemahlener Pfeffer
1 Msp. getrockneter Oregano

Außerdem:
vegane Margarine für die Form
4 Basilikumblätter für die Deko

1 Die Spaghetti nach Packungsangabe in Salzwasser al dente kochen. Inzwischen den Tofu in feine Würfel schneiden. Die Zwiebel schälen und fein würfeln. Die Oliven ebenfalls fein würfeln.

2 Das Öl in einer großen Pfanne mit hohem Rand erhitzen und den Tofu darin bei starker Hitze anbraten. Zwiebeln und Oliven dazugeben und kurz mitbraten. Die Sahne angießen und 30 g Käse dazugeben. Mit Salz, Pfeffer und Oregano würzen und bei schwacher Hitze köcheln lassen, bis der Käse geschmolzen ist.

3 Den Backofen auf 220 °C vorheizen. Vier Mulden einer Muffinform einfetten. Die Spaghetti in ein Sieb abgießen, kurz abtropfen lassen und mit der Käsemischung gut vermengen. Die Nudelmischung in die gefetteten Mulden der Muffinform verteilen, dazu die Nudeln am besten mit einer großen Gabel aufdrehen.

4 Den übrigen Käse (30 g) auf die Spaghetti streuen und die Frittata im Ofen auf der mittleren Schiene 20 Minuten backen. Herausnehmen, etwas abkühlen lassen und aus den Mulden lösen. Verpacken und mit Basilikumblättern dekoriert servieren. Die Frittata schmeckt warm oder kalt.

Für 1 große oder 2 kleine Lunchbox-Portionen
Zubereitung: 25 Minuten

SPAGHETTI POMODORI E OLIO

Hochwertiges Olivenöl, zarte Pinienkerne, ein Hauch von Zitrone und die fruchtigen Tomaten machen diesen Klassiker so unwiderstehlich. Mamma mia, das ist echt Italien für die Lunchbox – buon gusto!

150 g Vollkornspaghetti
Salz
2 Tomaten
1 Knoblauchzehe
½ kleines Bund glatte Petersilie
1 EL Olivenöl
1 TL körnige Gemüsebrühe
1 Prise frisch gemahlener Pfeffer
1 Spritzer Zitronensaft
½ TL Agavendicksaft
20 g Pinienkerne

1 Die Spaghetti nach Packungsangabe in Salzwasser al dente kochen. Inzwischen die Tomaten waschen, vierteln, von Stielansätzen und Samen befreien und fein würfeln. Den Knoblauch schälen und hacken. Die Petersilie waschen, trocken schütteln und fein schneiden. Das Öl mit 1 EL Wasser und der Brühe verrühren. Die Ölmischung mit Tomaten, Knoblauch und Petersilie gut vermengen und mit Salz, Pfeffer, Zitronensaft sowie Agavendicksaft würzen.

2 Die Pinienkerne in einer Pfanne ohne Fett goldbraun rösten und grob hacken. Die Spaghetti in ein Sieb abgießen, wieder in den heißen Topf geben und diesen auf die Herdplatte stellen. Die Tomatenmischung unterheben und alles unter ständigem Rühren etwa 1 Minute erwärmen. Die Spaghetti in die Lunchbox geben und mit den Pinienkernen bestreuen.

Für 1 Lunchbox-Portion
Zubereitung: 25 Minuten

POTSTICKER-PASTA

So einfach, so gut: Nudeln aus Reisteig, Pak Choi und herrlich aromatische Zutaten wie Ingwer, Currypaste und Sesamöl vereinen sich auf das Trefflichste zu einem asiatischen Stelldichein. Brokkoli reiht sich harmonisch in den Reigen der leckeren Zutaten ein und macht die Potsticker-Pasta schön knackig.

Für die Sauce:
5 EL Sojasauce
1 EL Reisessig
1 EL rote Currypaste
½ TL Sesamöl
1 Prise Chilipulver
2 EL fein gehacktes Frühlingszwiebelgrün

Für die Pasta:
½ kleiner Pak Choi (etwa 80 g)
80 g Brokkoliröschen
1 EL Kokosöl
Salz
frisch gemahlener Pfeffer
80 g breite Reisnudeln (aus dem Asialaden)
½ TL frisch geriebener Ingwer

1 Für die Sauce alle Zutaten in ein Twist-off-Glas geben. Das Glas gut verschließen und kräftig schütteln, bis sich die Zutaten gut verbunden haben. Beiseitestellen.

2 Für die Pasta den Pak Choi waschen, trocken schütteln und fein schneiden. Den Brokkoli waschen und abtropfen lassen. Das Öl in einer Pfanne erhitzen und den Brokkoli darin bei starker Hitze bissfest anbraten. Mit Salz sowie Pfeffer würzen und beiseitestellen.

3 Die Nudeln nach Packungsangabe in Salzwasser garen. Den Pak Choi kurz vor Ende der Garzeit dazugeben. Pasta und Pak Choi in ein Sieb abgießen, mit kaltem Wasser abschrecken und wieder in den Topf geben. Die Sauce dazugießen und alles noch einmal erwärmen. Brokkoli und Ingwer unterheben. Die Pasta in eine Lunchbox füllen.

TIPP

»Potstickers« sind gefüllte Teigtaschen aus Reispasta. Für unsere Potsticker-Pasta wird die Füllung einfach unter Reisnudeln gemischt. Das geht schneller und einfacher, ist aber genauso lecker.

Für 1 Lunchbox-Portion
Zubereitung: 35 Minuten

GEBRATENER REIS
MIT ANANAS UND CASHEWKERNEN

Fruchtige Ananas, süßer Mais und goldbraun geröstete Cashewkerne geben unserem fein gebräunten Jasminreis alles, was er braucht, um in allerbester Geschmackserinnerung zu bleiben.

- 100 g Jasminreis
- Salz
- 60 g Cashewkerne
- 2 Ananasringe (aus der Dose)
- 2 EL vegane Margarine
- 1 kleine rote Paprikaschote
- 1 Möhre
- 80 g Mais (aus der Dose)
- 4 EL Olivenöl
- 1 gute Prise frisch gemahlener weißer Pfeffer
- 1½ TL scharfes Paprikapulver, plus mehr zum Bestreuen
- 2 Frühlingszwiebeln (nur der obere grüne Teil)

1 Den Reis in Salzwasser nach Packungsangabe garen. In ein Sieb abgießen, abtropfen und abkühlen lassen. Die Cashewkerne in einer kleinen Pfanne ohne Fett goldbraun rösten, herausnehmen und beiseitestellen. Die Ananasringe in mundgerechte Stücke schneiden. Die Margarine in der Pfanne bei mittlerer Hitze zerlassen, die Ananas darin anbraten und beiseitestellen.

2 Die Paprika halbieren, entkernen, waschen und in kleine Würfel schneiden. Die Möhre schälen und mit einer Gemüsereibe in dünne Scheiben hobeln. Den Mais in einem Sieb abtropfen lassen. In einem Wok oder in einer Pfanne 2 EL Öl erhitzen. Paprika und Möhre darin bei starker Hitze anbraten, dann bei mittlerer Hitze goldbraun und leicht bissfest garen. Sollte die Möhre zu braun werden, bevor sie gar ist, mit wenig Wasser ablöschen (die Flüssigkeit soll jedoch vollständig verdampfen). Das Gemüse mit 1 TL Salz, Pfeffer und Paprikapulver würzen.

3 Das übrige Öl (2 EL) dazugeben und die Hitze erhöhen. Den Reis untermischen und bei starker Hitze kurz kross anbraten, dann bei mittlerer Hitze bräunen. Sollte die Mischung zu trocken sein, noch etwas Öl dazugeben. Mais, Ananas und Cashewkerne unterheben und erwärmen. Das Reisgericht in eine Lunchbox füllen. Die Frühlingszwiebeln waschen, in Ringe schneiden und auf dem Gericht verteilen. Nach Belieben mit etwas Paprikapulver bestreuen.

TIPP

Das Gericht schmeckt auch mit Brokkoli und Mandelblättchen – warm oder kalt und auch am nächsten Tag.

Für 2 große Lunchbox-Portionen
Zubereitung: 45 Minuten

KABSE MIT SEITAN

Kabse ist eigentlich ein arabisches Reisgericht, das mit Fleisch serviert wird. Stattdessen macht sich hier der vegane Seitan ganz famos zusammen mit Reis, orientalischen Gewürzen und knackigen Mandelblättchen.

250 g Langkornreis (vorzugsweise parboiled, siehe Tipp)
1 Möhre
½ rote Paprikaschote
1 Schalotte
1 Knoblauchzehe
150 g Seitan
1½ EL Olivenöl
1 TL Tomatenmark
Saft und abgeriebene Schale von ½ Bio-Orange
500 ml Gemüsebrühe
50 g Mandelblättchen
½ TL Pul biber (Chiliflocken)
je 1 Prise gemahlener Safran, Zimt, Kreuzkümmel und Kardamom
Salz
gemahlener Pfeffer
frisch geriebene Muskatnuss
Rosinen (nach Belieben)

1 Den Reis in ein Sieb geben und waschen, bis das Wasser klar bleibt. Abtropfen lassen und beiseitestellen. Die Möhre schälen und fein würfeln, die Paprika vierteln, entkernen, waschen und würfeln. Schalotte sowie Knoblauch schälen und ebenfalls würfeln.

2 Den Seitan in mundgerechte Stücke schneiden. Das Öl in einer Pfanne erhitzen und den Seitan darin bei starker Hitze rundum anbraten. Tomatenmark, Möhre, Paprika, Schalotte, Knoblauch, Orangensaft und -schale untermischen. Den Reis dazugeben und mit so viel Brühe auffüllen, dass der Reis gut bedeckt ist. Bei mittlerer Hitze in etwa 20 Minuten gar köcheln lassen, zwischendurch umrühren und bei Bedarf Brühe nachgießen.

3 Inzwischen die Mandelblättchen in einer Pfanne ohne Fett anrösten. Den Reis mit Pul biber, Safran, Zimt, Kreuzkümmel sowie Kardamom würzen und mit je 1 Prise Salz, Pfeffer und Muskat kräftig abschmecken. Nach Belieben Rosinen unterheben. In zwei Lunchboxen füllen und mit den Mandeln bestreuen. Kabse möglichst warm genießen, das Gericht schmeckt aber auch lauwarm oder kalt.

TIPP

Parboiled Reis enthält mehr Vitamine und Mineralstoffe als herkömmlicher geschälter Reis, da mit einem speziellen Verfahren Vitamine und Mineralstoffe in das Korn »gepresst« werden, bevor es weiterverarbeitet wird. Sie können auch ungeschälten Reis – also Vollkornreis – verwenden, der allerdings eine etwas längere Garzeit hat.

GREEKBOWL

Das müssen Sie einmal nachmachen – alle griechischen Genüsse finden hier zueinander. Gyros aus Sojaschnetzeln, nach guter alter Tradition mit Tzatziki gereicht, köstliche Weinblätter, in diesem Fall mit einem frischen Zitronenreis gefüllt, und Mezze-Bohnen als kleiner »side kick«, bei dem Knoblauch und Gewürze auf keinen Fall fehlen dürfen.

Für 1 große Lunchbox-Portion
Zubereitung: 25 Minuten
+ 12 Stunden Durchziehzeit
+ 30 Minuten Abtropfzeit

Für das Soja-Gyros:
- 75 g grobe Sojaschnetzel (aus dem Bioladen)
- 300 ml heiße Gemüsebrühe
- 4 EL Olivenöl, plus mehr zum Braten
- 1 gut gehäufter EL Gyrosgewürz

Für das Tzatziki:
- ½ Salatgurke
- 1 TL Salz
- 1 kleine Knoblauchzehe
- 90 g Sojajoghurt
- 1 EL Olivenöl
- 1 EL Zitronensaft
- ½ EL getrockneter Dill
- frisch gemahlener Pfeffer

SOJA-GYROS MIT TZATZIKI

1 Für das Gyros die Sojaschnetzel in einer Schüssel mit der Brühe übergießen und 10 Minuten ziehen lassen. In ein Sieb abgießen, abtropfen und abkühlen lassen. Die Sojaschnetzel kräftig ausdrücken und mit Öl sowie Gyrosgewürz in einer Schüssel gut vermengen. In einem Gefrierbeutel oder in einer luftdicht verschließbaren Box 12 Stunden im Kühlschrank durchziehen lassen.

2 In einer Pfanne reichlich Öl erhitzen und die Sojaschnetzel darin zunächst bei starker Hitze anbraten, dann bei schwacher Hitze rundum gut anbräunen. Beiseitestellen.

3 Für das Tzatziki die Gurke waschen, längs halbieren, entkernen und fein reiben. Mit dem Salz mischen, in einem Sieb 30 Minuten abtropfen lassen und dann kräftig ausdrücken. Den Knoblauch schälen und durchpressen. Die Gurkenraspel in einer Schüssel mit Knoblauch, Joghurt, Öl, Zitronensaft und Dill mischen. Mit Pfeffer abschmecken. Gyros und Tzatziki separat verpackt mitnehmen. Vor dem Anrichten das Gyros nochmals kurz erwärmen.

TIPP

Wer mag, kann beim Tzatziki den Dill durch fein gehackte Minzeblätter ersetzen.

GEFÜLLTE WEINBLÄTTER MIT ZITRONENREIS

Für 12 Weinblätter
Zubereitung: 35 Minuten
+ 25 Minuten Kochzeit

20 g Pinienkerne
1 kleine Zwiebel
8 EL Olivenöl
100 g Risottoreis
300 ml Gemüsebrühe
abgeriebene Schale und Saft von 1 Bio-Zitrone
12 eingelegte Weinblätter
1 TL Salz

1 Die Pinienkerne in einer Pfanne ohne Fett goldbraun anrösten, fein hacken und beiseitestellen. Die Zwiebel schälen und fein hacken. In einer Pfanne 4 EL Öl erhitzen und die Zwiebel darin bei mittlerer Hitze anschwitzen. Den Reis kurz mit anschwitzen, dann mit 150 ml Brühe ablöschen und unter Rühren bei schwacher Hitze etwa 18 Minuten köcheln lassen. Dabei nach und nach die übrige Brühe (150 ml) angießen. Gegen Ende der Garzeit Zitronenschale und -saft unterziehen und die Pinienkerne unterheben.

2 Die Weinblätter unter fließendem kaltem Wasser waschen und die Stiele entfernen. Die Blätter jeweils mit der rauen Seite nach oben auf die Arbeitsfläche legen. Je 1 gehäuften EL Reis daraufgeben und die rechte und linke Blattseite darüberklappen. Die Blätter von der Stielseite beginnend fest einrollen. Die Röllchen dicht nebeneinander in einen kleinen Topf legen. Mit dem übrigen Öl (4 EL) beträufeln, mit dem Salz bestreuen und mit so viel Wasser auffüllen, dass sie bedeckt sind. Mit einem kleinen Teller beschweren, zugedeckt aufkochen und bei schwacher Hitze 25 Minuten köcheln lassen. Die Weinblätter vorsichtig herausnehmen und abkühlen lassen.

TIPP

Gleich eine größere Menge zubereiten – die Weinblätter halten sich in Olivenöl eingelegt über mehrere Tage.

MEZZE-BOHNEN

Für 1 Lunchbox-Portion
Zubereitung: 20 Minuten
+ Durchziehzeit

250 g grüne Bohnen
1½ TL Salz
1 Lorbeerblatt
2 EL Olivenöl
1 EL Balsamico-Essig
2 Knoblauchzehen
Meersalz
frisch gemahlener Pfeffer

1 Die Bohnen waschen und entfädeln, die Enden abschneiden. In einem Topf mit Wasser bedecken, Salz und Lorbeerblatt dazugeben. Die Bohnen bei mittlerer Hitze in 5–8 Minuten bissfest kochen, in ein Sieb abgießen, kalt abschrecken und abtropfen lassen.

2 Das Öl in einer Pfanne erhitzen und die Bohnen darin zunächst bei starker Hitze anbraten, dann bei mittlerer Hitze goldbraun braten. Den Herd ausschalten. Den Essig zu den Bohnen geben. Den Knoblauch schälen und dazupressen. Alles gut verrühren und etwas durchziehen lassen. Zum Schluss mit Meersalz und Pfeffer abschmecken. Dazu schmeckt knusprig-frisches Brot.

TIPP

Das arabische Wort »mezze« bedeutet so viel wie »kleine Mahlzeit«. Diese besteht hier aus grünen Bohnen, die durch das scharfe Anbraten, Knoblauch, Balsamico-Essig und Meersalz ein intensives Aroma bekommen.

Für 2 Pfannkuchen
Zubereitung: 25 Minuten

INDISCHE GEMÜSEPFANNKUCHEN

Aus Hartweizengrieß und Gemüse entstehen kleine Pfannkuchen, die ihresgleichen suchen. Mit einem fruchtigen Mangochutney serviert sind sie eine köstliche Mahlzeit für die indisch inspirierte Mittagspause.

1 kleine Zwiebel
1 kleine rote Paprikaschote
2 Stängel Koriandergrün
80 g Hartweizengrieß
150 ml kalte Gemüsebrühe
½ TL Salz
½ TL Currypulver
1 Prise Chilipulver
1 Prise gemahlener Kardamom
2 EL Rapsöl
1 EL Gurkenrelish (aus dem Glas)
500 g Mangochutney (Fertigprodukt oder siehe Seite 139)

1 Die Zwiebel schälen und fein würfeln. Die Paprika vierteln, entkernen, waschen und in feine Würfel schneiden. Den Koriander waschen, trocken schütteln und fein hacken. Grieß, Brühe, Salz, Curry- und Chilipulver sowie Kardamom in einer Schüssel verrühren. Zwiebel- und Paprikawürfel sowie Koriander dazugeben und alles zu einem homogenen Teig verarbeiten.

2 In einer Pfanne 1 EL Öl erhitzen. Die Hälfte des Teigs in die Pfanne geben und leicht verstreichen. Den Pfannkuchen bei mittlerer Hitze 2–3 Minuten backen, bis die Unterseite leicht gebräunt ist. Wenden und weitere 2–3 Minuten backen. Das restliche Öl (1 EL) in die Pfanne geben und aus dem restlichen Teig ebenso einen Pfannkuchen backen. Das Gurkenrelish mit dem Mangochutney zu einem Dip verrühren. Pfannkuchen und Dip separat verpackt mitnehmen. Zum Servieren die Pfannkuchen mit dem Dip bestreichen – schmeckt warm oder kalt.

TIPP

Probieren Sie auch mal einen weiteren indischen Klassiker: Rote-Linsen-Pfannkuchen. Dafür 150 g Rote-Linsen-Mehl mit 170 ml Wasser verrühren und mit 1 TL Garam masala, ½ TL Currypulver und ½ TL Meersalz abschmecken. Gute 15 Minuten quellen lassen. In einer Pfanne 2½ EL Rapsöl erhitzen und darin aus dem Teig bei mittlerer Hitze portionsweise kleine goldbraune Pfannkuchen ausbacken. Passt ebenfalls wunderbar zu Mangochutney.

Für 1 Springform von 28 cm Ø
Zubereitung: 15 Minuten
+ 1 Stunde Kühlzeit
+ 30 Minuten Backzeit

SPARGELQUICHE

Quiche ist ein wahres Allroundtalent, auch in der Lunchbox. Der Teig ist schnell zubereitet und die Füllung flott verteilt. Auf dieser Quiche vereinen sich grüner und weißer Spargel mit einer würzigen Creme aus Seidentofu und Sojasahne zu purem Quichevergnügen – aus der Lunchbox direkt auf die Hand.

1 Für den Teig Mehl, Margarine, Salz, Zucker und 8 EL Wasser in einer Schüssel zu einem glatten Teig verkneten. In Frischhaltefolie wickeln und 1 Stunde in den Kühlschrank legen.

2 Für den Belag beide Spargelsorten waschen und die holzigen Enden abschneiden. Den weißen Spargel ganz, den grünen Spargel im unteren Drittel schälen. Die Chilischote längs aufschneiden, entkernen, waschen und längs in schmale Streifen schneiden. Den Backofen auf 180 °C vorheizen. Die Springform einfetten.

3 Den Teig auf einer bemehlten Arbeitsfläche in Größe der Form ausrollen, in die Form legen und dabei vorsichtig einen Teigrand hochziehen. Tofu, Sahne, Stärke, Öl, Oregano und Basilikum in einer Schüssel zu einer glatten Creme verrühren, diese mit Salz und Pfeffer abschmecken. Die Creme auf dem Teig verstreichen und abwechselnd mit den verschiedenfarbigen Spargelstangen sowie Chilischotenstreifen belegen.

4 Die Quiche im Ofen auf der mittleren Schiene in 25–30 Minuten goldgelb backen. Die Quiche in der Form auf einem Kuchengitter etwas abkühlen lassen. Zum Servieren beziehungsweise Verpacken aus der Springform nehmen und in Stücke schneiden.

Für den Teig:
325 g Mehl (Type 550), plus etwas mehr für die Arbeitsfläche
150 g vegane Margarine, plus etwas mehr für die Form
1 TL Salz
1 Prise Rohrohrzucker

Für den Belag:
6 Stangen weißer Spargel
6 Stangen grüner Spargel
1 große oder 2 kleine milde rote Chilischoten
300 g Seidentofu
100 g Sojasahne
1 gehäufter TL Speisestärke
1 EL Olivenöl
1 TL getrockneter Oregano
1 TL getrocknetes Basilikum
Salz
frisch gemahlener Pfeffer

Für 2 kleine Pizzas
Zubereitung: 10 Minuten
+ 20 Minuten Quellzeit
+ 20 Minuten Backzeit

CHIA-MANDEL-PIZZA

Die kleinen Superfood-Samen sorgen hier für ganz großes Gaumenkino. Statt Käse gibt's Mandelmus mit Hefeflocken, schön cremig und dazu noch wahnsinnig gesund. Diese glutenfreie Pizzavariante mit Mandeln dürfte so manches »Hmmm!« auslösen und jede Erwartung an eine richtig gute Pizza übertreffen.

Für den Teig:
2 EL gemahlene Chiasamen (aus dem Bioladen)
200 g gemahlene Mandeln
½ TL Salz
Mehl für die Arbeitsfläche

Für die Sauce und den Belag:
100 g passierte Tomaten (aus der Dose)
2 EL Tomatenmark
½ TL Olivenöl
1 Msp. Salz
1 Msp. frisch gemahlener weißer Pfeffer
½ TL Pizzagewürz (siehe Tipp)
1 kleine Zwiebel
½ kleine Zucchini
1 kleine rote Paprikaschote
1½ EL Mandelmus
1½ TL Hefeflocken
50 g Rucola

1 Für den Teig die Chiasamen mit 4 EL Wasser verrühren und etwa 20 Minuten quellen lassen. Mandeln und Salz vermischen und mit den Chiasamen zu einem homogenen Teig verkneten. Den Backofen auf 200 °C vorheizen. Ein Backblech mit Backpapier auslegen.

2 Den Teig halbieren und die Stücke auf einer bemehlten Arbeitsfläche mit einer Teigrolle flach ausrollen. Die Teigfladen auf das Backpapier legen und im Ofen auf der mittleren Schiene in 12–15 Minuten goldgelb backen.

3 Inzwischen für die Sauce die Tomaten mit Tomatenmark und Öl glatt rühren und mit Salz, Pfeffer und Pizzagewürz würzen. Für den Belag die Zwiebel schälen und in feine Streifen schneiden, die Zucchini waschen und in feine Scheiben schneiden. Die Paprika vierteln, entkernen, waschen und in feine Streifen schneiden. Das Mandelmus mit den Hefeflocken und 3 EL Wasser glatt rühren.

4 Die Tomatensauce auf die Pizzaböden verteilen und mit dem Gemüse belegen. Die Mandelmusmischung darübergeben und die Pizzas in 5–7 Minuten fertig backen. Abkühlen lassen und verpacken. Rucola waschen, trocken schütteln und separat verpackt mitnehmen. Pizza idealerweise vor dem Servieren nochmals kurz aufbacken, dann mit Rucola belegen.

TIPP Aus je 1 EL getrocknetem Rosmarin, Oregano, Basilikum, Thymian und Hefeflocken entsteht schnell ein selbst gemachtes Pizzagewürz.

Für 1 große Lunchbox-Portion
Zubereitung: 55 Minuten
+ 30 Minuten Quellzeit

GRIESSSCHNITTEN
MIT APFEL-BIRNEN-MUS

Für das Apfel-Birnen-Mus:
- 2 kleine Äpfel
- 1 große Birne
- 10–20 g Rohrohrzucker
- 1 TL gemahlener Zimt
- Rosinen oder Rum-Rosinen zum Bestreuen (nach Belieben; siehe Tipp)

Für die Grießschnitten:
- 250 ml Sojamilch
- 1 Prise Salz
- 150 g Weizenvollkorngrieß
- 90 g vegane Margarine
- 2–3 EL Rohrohrzucker

1 Für das Mus Äpfel und Birnen schälen, jeweils vierteln, vom Kerngehäuse befreien und fein würfeln. Mit 1–2 EL Wasser in einem Topf bei starker Hitze aufkochen und zugedeckt bei mittlerer Hitze köcheln lassen, bis das Obst zerfallen ist. Mit einer Gabel oder einem Kartoffelstampfer leicht zerdrücken, mit Zucker und Zimt abschmecken und 5 Minuten weiterköcheln lassen. Beiseitestellen.

2 Für die Grießschnitten die Sojamilch mit dem Salz in einem Topf bei starker Hitze aufkochen. Den Grieß unter Rühren mit einem Schneebesen langsam einrieseln lassen. Kurz köcheln lassen, dann den Grieß in eine eckige Form füllen und etwa 30 Minuten quellen und abkühlen lassen.

3 In einer Pfanne 1 EL Margarine bei mittlerer Hitze zerlassen. Den Grieß in Stücke schneiden. Die Grießschnitten in die Pfanne geben und die restliche Margarine in Flocken darauf verteilen. Die Schnitten auf der Unterseite goldbraun und knusprig braten, das kann bis zu 15 Minuten dauern. Wenden und auf der anderen Seite knusprig braten. Mit dem Zucker bestreuen. Das Apfelmus nach Belieben mit Rosinen oder Rum-Rosinen bestreuen. Mus und Grießschnitten separat verpackt mitnehmen. Beides schmeckt auch kalt.

TIPP Anstatt Grießschnitten können Sie auch einen »Riebel« aus der Grießmasse zubereiten (»Riebeln« werden in Österreich Nocken oder Klümpchen genannt). Dazu den Grieß nicht in eine Form geben, sondern vom Herd nehmen und im Topf 30 Minuten quellen und abkühlen lassen. Die Masse in der Margarine in der Pfanne braten und dabei mit einer Gabel oder einem Löffel zu »Riebeln« zerpflücken. Übrigens: Mit Rum-Rosinen schmeckt das Apfel-Birnen-Mus besonders lecker. Dafür 1 EL Rosinen mit Rum bedeckt in einem verschließbaren Behälter 2–3 Tage durchziehen lassen.

CREMES, PUDDINGS UND GEBÄCK

FÜR DEN GROßEN HUNGER

SÜSSES AUF DIE HAND

Für 2 Portionen
Zubereitung: 20 Minuten
+ 12 Stunden Einweichzeit

FRUCHTIGE MACADAMIACREME

200 g Macadamianüsse
1 kleine Zucchini
50 ml Apfelsaft (nach Belieben)
25 g Gojibeeren (nach Belieben)
2–3 EL Orangensaft
4–5 EL Ahornsirup
ausgekratztes Mark von ½ Vanilleschote
1 Prise Salz
50 g Heidelbeeren
50 g Himbeeren
einige Minzeblättchen (nach Belieben)
50 g weiße Reismilchschokolade

Eine Prise Vanille darf bei diesem edlen Dessert, zubereitet aus der Königin der Nüsse, cremig püriert mit saftiger Zucchini, frischem Orangensaft und süßem Ahornsirup, nicht fehlen. Serviert wird es mit vitaminreichen frischen Beeren und weißer Reismilchschokolade – hier erwartet Sie weit mehr als ein Augenschmaus.

1 Die Macadamianüsse 12 Stunden in kaltem Wasser einweichen. Die Zucchini schälen, längs halbieren und die Kerne entfernen, das Fruchtfleisch in grobe Stücke schneiden. Nach Belieben den Apfelsaft aufkochen und die Gojibeeren hineingeben. Den Topf vom Herd nehmen und beiseitestellen.

2 Macadamianüsse, Zucchini, Orangensaft, Ahornsirup, Vanillemark und Salz im Mixer zu einer glatten Creme pürieren. Die Gojibeeren in einem Sieb abtropfen lassen und unter die Creme heben. Die Creme in verschließbare Gläser oder Behälter füllen.

3 Heidelbeeren, Himbeeren und nach Belieben Minze waschen, trocken tupfen und auf die Creme geben. Die Schokolade raspeln und darüberstreuen. Die Gläser oder Behälter verschließen und bis zum Verzehr bzw. Transport in den Kühlschrank stellen.

TIPP Für einen schokoladigeren Touch verfeinern Sie die Creme noch mit 50 g Kakaopulver.

Für 1 Portion
Zubereitung: 10 Minuten
+ mind. 20 Minuten Quellzeit

CHIA-CASHEW-PUDDING
MIT APRIKOSENPÜREE

Gesunde Chiasamen verwandeln eine Cashewcreme in Windeseile in einen feinen Pudding, ganz ohne Zutun. Ein süßes Aprikosenpüree sorgt für die fruchtige Krönung. Wer noch dazu Acaifruchtpulver wählt, kann sicher sein, sich beim Naschen etwas richtig Gutes getan zu haben.

Für den Pudding:
1 EL Kakaopulver
4 entsteinte Datteln
1 EL Cashewmus
1 TL Agavendicksaft
abgeriebene Schale von 1 kleinen Bio-Orange
3 EL Chiasamen

Für das Aprikosenpüree:
150 g Aprikosen
1 TL Ahornsirup
1 gehäufter TL Acaibeerenpulver (aus dem Bioladen; nach Belieben)

1 Für den Pudding alle Zutaten bis auf die Chiasamen in einen Mixer geben und zu einer feinen Cashewcreme pürieren. Die Chiasamen und 250 ml Wasser dazugeben und gut verrühren. Die Masse in ein Twist-off-Glas oder einen anderen verschließbaren Behälter füllen und mindestens 20 Minuten in den Kühlschrank stellen, damit die Chiasamen quellen können.

2 Inzwischen für das Aprikosenpüree die Aprikosen waschen, mit Küchenpapier trocken tupfen, längs halbieren und entsteinen. Die Aprikosenhälften mit dem Ahornsirup im Mixer fein pürieren. Das Acaibeerenpulver nach Belieben gleich unterrühren oder erst später als Deko auf das Püree streuen.

3 Das Aprikosenpüree auf den Chia-Cashew-Pudding geben. Nach Belieben mit Acaibeerenpulver dekorieren. Die Gläser oder Behälter verschließen und bis zum Verzehr beziehungsweise Transport kühl stellen.

Für 2 Portionen
Zubereitung: 30 Minuten
+ 12 Stunden Kühlzeit

500 ml Reismilch
1 Päckchen Vanillezucker
1 Prise Salz
125 g Milchreis
Vollkornpaniermehl für die Form
50 g Rohrohrzucker
½ TL gemahlener Zimt
30 g vegane Margarine
420 g Erdbeeren

KARAMELLISIERTE MILCHREIS-KÜCHLEIN MIT ERDBEEREN

1 Für den Reis die Reismilch in einem Topf mit Vanillezucker und Salz verrühren und aufkochen. Die Hitze reduzieren, den Milchreis unter Rühren einrieseln lassen und 10 Minuten köcheln. Eine flache Form mit Paniermehl ausstreuen und den Reis etwa 4 cm hoch einfüllen. Abkühlen lassen, mit Frischhaltefolie bedecken und mindestens 12 Stunden in den Kühlschrank stellen.

2 Den Reis aus der Form stürzen und in Stücke schneiden. Zucker und Zimt auf einem Teller mischen und die Stücke mit den Ober- und Unterseiten hineindrücken. Die Margarine in einer Pfanne bei mittlerer Hitze zerlassen und die Schnitten darin auf beiden Seiten braten, bis der Zucker karamellisiert ist. Herausnehmen, etwas abkühlen lassen und in eine Lunchbox geben. Die Erdbeeren waschen, mit Küchenpapier trocken tupfen und separat verpackt mitnehmen.

Für 2 Portionen
Zubereitung: 15 Minuten

2 mittelgroße süßsaure Äpfel
Saft von 1 kleinen Zitrone
150 g aufschlagbare Kokossahne
ausgekratztes Mark von ½ Vanilleschote
1 EL Ahornsirup
60 g Aroniabeeren (süßsaure Beeren, alternativ Heidelbeeren)
50 g gepuffte Vollkornquinoa
1 EL Haselnusskrokant

HERBSTLICHER APFELTRAUM

1 Die Äpfel schälen, vierteln, von den Kerngehäusen befreien und grob raspeln. In eine Schüssel geben und mit Zitronensaft beträufeln. Die Sahne aufschlagen und mit Vanillemark sowie Ahornsirup unter die Apfelraspel mengen.

2 Die Aroniabeeren waschen und mit Küchenpapier trocken tupfen. Apfel-Sahne-Mischung abwechselnd mit gepuffter Quinoa und Aroniabeeren in Twist-off-Gläser oder andere verschließbare Behälter schichten. Mit Apfel-Sahne-Mischung abschließen und mit Haselnusskrokant bestreuen. Die Gläser oder Behälter verschließen und bis zum Verzehr beziehungsweise Transport kühl stellen.

TIPP

Für (noch) leichteren Genuss Kokosjoghurt oder Sojajoghurt statt der Sahne verwenden.

Für 10–12 Stücke
Zubereitung: 25 Minuten
+ 30 Minuten Backzeit
+ 12 Stunden Ruhezeit

BAKLAVA

Die Leckerei aus dem Nahen Osten verführt mit Walnüssen und Pistazien weltweit. Da darf sie natürlich auch in unserer Lunchbox nicht fehlen. Süßes macht bekanntlich glücklich und was spräche gegen eine beglückende Pause? Nehmen Sie gleich etwas mehr von der veganen kleinen Süßigkeit mit und teilen Sie Ihr Glück doch einfach mit den Kollegen.

Für den Sirup:
350 g Rohrohrzucker
Saft von ½ kleinen Zitrone
225 g Yufkateigblätter (aus dem oriental. Lebensmittelhandel)

Für die Füllung:
125 g vegane Margarine, plus etwas mehr für das Backblech
200 g Walnusskerne
100 g Pistazienkerne
1 TL gemahlener Zimt

1 Für den Sirup den Zucker mit 500 ml Wasser in einem Topf aufkochen. Den Zitronensaft einrühren und den Topf vom Herd ziehen. Den Backofen auf 200 °C vorheizen. Für die Füllung die Margarine in einem kleinen Topf bei schwacher Hitze zerlassen. Walnüsse und Pistazien sehr fein hacken und mit dem Zimt mischen. Ein Backblech einfetten.

2 Ein Yufkateigblatt auf das Blech legen und mit etwas zerlassener Margarine bestreichen. Ein weiteres Blatt sehr locker darauflegen und gleichmäßig mit einem Teil der gehackten Nüsse bestreuen. Auf diese Weise nach und nach alle Teigblätter, Margarine bis auf 1–2 EL und Nüsse aufeinanderschichten, die oberste Schicht besteht aus Yufkateig. Die Teigränder zusammendrücken, damit die Füllung nicht entweichen kann. Die Platte in etwa 2 x 4 cm große Stücke schneiden und mit der übrigen Margarine bestreichen.

3 Baklava im Ofen auf der mittleren Schiene etwa 30 Minuten goldbraun und knusprig backen. Aus dem Ofen nehmen und gleichmäßig löffelweise mit Sirup beträufeln, zwischendurch immer wieder einziehen lassen. Etwa 12 Stunden ruhen lassen.

TIPP

In einer fest schließenden flachen Dose hält sich Baklava 2 Wochen. Nicht stapeln!

Für 6 Stangen
Zubereitung: 25 Minuten
+ 100 Minuten Gehzeit
+ 20 Minuten Backzeit

PINZENSTANGEN

Pinzen sind runde österreichische Hefeteigteilchen, die hier in besonders handlicher Form in die Box kommen. Der köstliche, luftige Hefeteig enthält Rum-Rosinen und wird am Ende mit Aprikosenkonfitüre und Hagelzucker verfeinert. Pinzen werden eigentlich zu Ostern verspeist, aber was so köstlich ist, darf das ganze Jahr hindurch schmecken.

- 500 g Mehl (Type 550), plus etwas mehr für die Arbeitsfläche
- 1½ TL abgeriebene Schale von 1 Bio-Zitrone
- 1 Prise Salz
- 70 g vegane Margarine
- ½ Würfel frische Hefe (20 g)
- 80 g feiner Rohrohrzucker
- 2 Päckchen Vanillezucker
- 260 ml Sojamilch, plus etwas mehr zum Bepinseln
- 100 g Rum-Rosinen (Fertigprodukt oder siehe Tipp Seite 161)
- 2–3 EL Aprikosenkonfitüre
- Hagelzucker zum Bestreuen

1 Mehl, Zitronenschale und Salz in einer Schüssel vermischen. Die Margarine in Flöckchen dazugeben und mit den Fingern unterkneten. Eine Mulde hineindrücken, die Hefe hineinbröckeln und Zucker sowie Vanillezucker darüberstreuen. Die Sojamilch in einem Topf bei schwacher Hitze erwärmen und dazugießen. Mit etwas Mehl bestäuben. Den Vorteig zugedeckt etwa 10 Minuten an einem warmen Ort gehen lassen.

2 Die Rum-Rosinen zum Vorteig geben und alles 10 Minuten zu einem geschmeidigen Hefeteig verkneten. Ist der Teig zu feucht, noch etwas Mehl dazugeben – zu fest sollte der Teig aber nicht werden. Zugedeckt an einem warmen Ort 1 Stunde gehen lassen.

3 Den Backofen auf 180 °C vorheizen. Ein Backblech mit Backpapier auslegen. Den Teig auf der bemehlten Arbeitsfläche nochmals kurz durchkneten und in sechs Portionen teilen. Jedes Teigstück zu einer dicken, länglichen Stange formen, auf das Backpapier legen und 30 Minuten gehen lassen.

4 Die Teigstangen mehrmals einschneiden (siehe Foto). Die Stangen mit Sojamilch bepinseln und im Ofen auf der mittleren Schiene 18–20 Minuten backen. Herausnehmen, auf einem Kuchengitter abkühlen lassen, mit der erwärmten Aprikosenkonfitüre bestreichen und mit Hagelzucker bestreuen.

Für 5 Taschen
Zubereitung: 25 Minuten
+ 15 Minuten Backzeit

JOHANNISBEER-KOKOS-TASCHEN

Für die Taschen:
- 300 g Dinkelmehl (Type 630), plus etwas mehr für die Arbeitsfläche
- 100 g feiner Rohrohrzucker
- 1 TL Backpulver
- ¾ TL Natron
- 30 g Kokosraspel
- 1 Prise Salz
- 100 ml Sojamilch
- 1 TL Zitronensaft
- 150 g Johannisbeeren
- abgeriebene Schale von 1 Bio-Zitrone
- 60 g weiche vegane Margarine

Für die Glasur (nach Belieben):
- 50 g Johannisbeeren
- 150 g Puderzucker
- Kokosraspel oder Kokoschips zum Bestreuen

1 Den Backofen auf 225 °C vorheizen. Ein Backblech mit Backpapier auslegen. Das Mehl in einer Schüssel mit Zucker, Backpulver, Natron, Kokosraspeln und Salz mit einem Schneebesen vermengen. Die Sojamilch mit dem Zitronensaft mischen und 5 Minuten beiseitestellen. Währenddessen die Johannisbeeren waschen und von den Stielen streifen. Die Zitronenschale unter die Milch-Saft-Mischung rühren und diese mit der Margarine zur Mehlmischung geben. Alles zu einem glatten Teig verkneten.

2 Den Teig auf einer bemehlten Arbeitsfläche zu einem etwa 28 x 30 cm großen Rechteck ausrollen. Die Johannisbeeren gleichmäßig auf einer Hälfte der Teigplatte verteilen und die unbelegte Teighälfte darüberschlagen, die Teigränder zusammendrücken. Die gefüllte Teigplatte in fünf etwa gleich große Dreiecke schneiden. Den Teig an den Rändern wieder gut zusammendrücken. Die Taschen auf das Backpapier legen und im Ofen auf der mittleren Schiene etwa 15 Minuten backen, bis die Oberflächen leicht braun sind. Auf einem Kuchengitter abkühlen lassen.

3 Nach Belieben für die Glasur die Johannisbeeren in einem kleinen Topf mit 1 EL Wasser erhitzen, bis die Beeren aufplatzen. Durch ein Sieb streichen. Den Puderzucker in eine Schüssel sieben und nach und nach mit dem Johannisbeersaft glatt rühren. Die Taschen mit der Glasur bestreichen und mit Kokosraspel oder -chips bestreuen.

ERDNUSSBUTTER-PUFFREIS-CRISPYS

Für 10–12 Crispys
Zubereitung: 10 Minuten
+ 12 Stunden Kühlzeit

- 70 g weiche, leicht gesalzene crunchy Erdnussbutter
- 1 EL weiche vegane Margarine
- ½ TL gemahlener Zimt
- 1½ EL Agavendicksaft
- 15 g Puffreis

Erdnussbutter und Margarine in einer Schüssel mit Zimt und Agavendicksaft glatt rühren. Den Puffreis gleichmäßig unterrühren. Etwa 15 Minuten kalt stellen, dann mit den Händen zehn bis zwölf Bällchen daraus formen. Die Bällchen in einen gut schließenden Behälter geben und etwa 12 Stunden im Kühlschrank ruhen lassen.

Für 6 Muffins
Zubereitung: 15 Minuten
+ 25 Minuten Backzeit

SAFTIGE MANDARINEN-CHIA-MUFFINS

Diese fruchtigen Muffins versüßen uns im wahrsten Sinne des Wortes den Büroalltag! Klein und handlich verwöhnen sie uns vor allem mit der saftigen Süße von Mandarinen, die Mischung aus Weizen- und Dinkelmehl sorgt für den vollmundigen Background.

- 50 g Weizenmehl (Type 1050)
- 75 g Weizenmehl (Type 550)
- 25 g Dinkelvollkornmehl
- ½ TL Natron
- ¾ TL Backpulver
- 5 g Chiasamen
- 75 g feiner Rohrohrzucker
- 125 g Sojajoghurt
- 30 ml Sojamilch
- 25 g Agavendicksaft
- 30 ml Öl
- ½ Röhrchen Mandarinenöl (aus dem Bioladen; nach Belieben)
- Saft und abgeriebene Schale von 2 Bio-Mandarinen

1 Den Backofen auf 175 °C vorheizen. In sechs Mulden eines Muffinblechs Papierförmchen setzen. Die drei Mehlsorten, Natron, Backpulver, Chiasamen und Zucker in einer Schüssel mit einem Schneebesen vermischen.

2 In einer weiteren Schüssel Joghurt mit Sojamilch, Agavendicksaft, Öl und Mandarinenöl (nach Belieben) verquirlen. Mandarinensaft und -schale unterrühren. Die Joghurtmischung zur Mehlmischung geben und alles mit einem Löffel nur so lange verrühren, bis sich alle Zutaten verbunden haben und ein glatter Teig entstanden ist.

3 Den Teig in die Förmchen verteilen, sodass diese je zu etwa drei Vierteln gefüllt sind. Die Muffins im Ofen auf der mittleren Schiene in etwa 25 Minuten goldgelb backen. Bleibt an einem hineingesteckten Holzstäbchen kein Teig mehr haften, sind sie fertig. Die Muffins mitsamt den Papierförmchen aus der Form heben und auf einem Kuchengitter abkühlen lassen.

Für 10 Zimtschnecken
Zubereitung: 35 Minuten
+ 2 Stunden Gehzeit
+ 20 Minuten Backzeit

ZIMTSCHNECKEN
MIT CASHEW-AHORNSIRUP-ICING UND PEKANNÜSSEN

Für das Icing und die Nüsse:
200 g Cashewkerne
50 g Rohrohrzucker
100 g Pekannüsse
etwas Ahornsirup

Für den Teig:
300 g Weizenmehl (Type 550), plus etwas mehr für die Arbeitsfläche
150 g Dinkelvollkornmehl
3 EL Rohrohrzucker
1 Päckchen Trockenhefe
1 TL Salz
1 Msp. frisch geriebene Muskatnuss
140 g Apfelmus
150 ml Sojamilch, plus etwas mehr zum Bepinseln
80 g vegane Margarine

Für die Füllung:
60 g vegane Margarine
60 g Rohrohrzucker
60 g weißer Zucker
3 leicht gehäufte TL gemahlener Zimt

1 Für das Icing die Cashewkerne mit kaltem Wasser bedeckt einweichen. Für den Teig beide Mehlsorten, Zucker, Hefe, Salz und Muskat in einer Schüssel mit dem Schneebesen vermengen. Apfelmus, Sojamilch und Margarine in einem Topf bei schwacher Hitze erwärmen und verrühren. Den Topf vom Herd ziehen und die Apfelmusmischung abkühlen lassen. Die Apfelmusmischung zur Mehlmischung geben und alles 10 Minuten zu einem geschmeidigen Hefeteig verkneten. Den Teig zugedeckt an einem warmen Ort 1–1½ Stunden gehen lassen.

2 Den Teig auf der bemehlten Arbeitsfläche nochmals kurz durchkneten und zu einem Rechteck ausrollen. Für die Füllung die Margarine in einem kleinen Topf bei mittlerer Hitze zerlassen. Mit Rohrohrzucker, weißem Zucker sowie Zimt vermengen und die Mischung gleichmäßig auf dem Teig verteilen. Den Teig von einer langen Seite her aufrollen und die Rolle in etwa 5 cm dicke Scheiben schneiden. Ein Backblech mit Backpapier auslegen. Die Schnecken leicht flach drücken, auf das Backpapier legen und zugedeckt weitere 30 Minuten gehen lassen. Den Backofen auf 180 °C vorheizen. Die Schnecken mit Sojamilch bepinseln und im Ofen auf der mittleren Schiene 18–20 Minuten backen. Herausnehmen und abkühlen lassen.

3 Für die karamellisierten Pekannnüsse den Zucker und 40 ml Wasser in einem kleinen Topf bei mittlerer Hitze leicht karamellisieren lassen. Die Pekannüsse unter den Karamell mischen, die Masse auf einem Stück Backpapier verteilen und abkühlen lassen. Die Nüsse mit einem scharfen großen Messer fein hacken.

4 Die Cashewkerne in ein Sieb abgießen und abtropfen lassen. Mit etwas Ahornsirup in einem Mixer glatt pürieren, bei Bedarf etwas Wasser hinzufügen. Das Cashew-Icing auf den Zimtschnecken verteilen und mit den gehackten Pekannüssen bestreuen.

Für eine Springform von 24 cm Ø (12 Stücke)
Zubereitung: 40 Minuten
+ 50 Minuten Gehzeit
+ 45 Minuten Backzeit

HIMBEER-SCHOKOLADEN-»WINDMÜHLE«

Für den Teig:
- 450 g Mehl (Type 550), plus mehr zum Bearbeiten
- 50 g Kakaopulver
- 1 Prise Salz
- ½ TL abgeriebene Bio-Zitronenschale
- 180 g feiner Rohrohrzucker
- 70 g weiche vegane Margarine, plus mehr für die Form
- 220 ml Sojamilch
- ½ Würfel frische Hefe (20 g)

Für den Pudding:
- 380 ml Sojamilch
- 50 g feiner Rohrohrzucker
- 1 Päckchen Vanillepuddingpulver

Für den Belag:
- 60 g vegane Zartbitterschokolade
- 250 g Himbeeren
- 20 g Maisstärke
- 20 g Puderzucker

Für die Dekoration (nach Belieben):
- 50 g vegane Zartbitterschokolade
- 1 TL Kokosöl
- 50 g Himbeeren

1 Für den Teig das Mehl mit Kakaopulver, Salz, Zitronenschale und 90 g Zucker in einer Schüssel mit einem Schneebesen vermengen. Die Margarine in Flöckchen dazugeben und mit den Fingern unterkneten. In die Mitte eine Mulde hineindrücken. Die Sojamilch in einem Topf bei schwacher Hitze erwärmen, in die Mulde gießen und die Hefe hineinbröckeln. Den übrigen Zucker (90 g) über die Milch-Hefe-Mischung streuen und mit etwas Mehl bestäuben. Den Vorteig zugedeckt an einem warmen Ort etwa 10 Minuten gehen lassen. Den Vorteig nochmals verrühren und alles 10 Minuten zu einem geschmeidigen Hefeteig verkneten. Den Teig zugedeckt an einem warmen Ort 40 Minuten gehen lassen.

2 Inzwischen für den Pudding 190 ml Sojamilch mit dem Zucker in einem Topf bei starker Hitze aufkochen. Das Puddingpulver mit der restlichen Milch (190 ml) glatt rühren. Sobald die Milch kocht, den Topf vom Herd ziehen, die Puddingpulver-Milch-Mischung unter Rühren hineingeben. Den Topf zurück auf die Herdplatte stellen und alles unter Rühren nochmals aufkochen lassen. Vom Herd nehmen und abkühlen lassen. Währenddessen immer wieder durchrühren, damit keine Haut entsteht.

3 Die Springform einfetten. Für den Belag die Schokolade grob hacken. Die Himbeeren waschen und trocken tupfen. Den Teig auf einer bemehlten Arbeitsfläche zu einem etwa 40 x 30 cm großen Rechteck ausrollen. Die Teigplatte mit dem Vanillepudding bestreichen und die Schokoladenstücke mit den Himbeeren darauf verteilen. Stärke mit Puderzucker vermengen und daraufsieben.

4 Den Backofen auf 180 °C vorheizen. Die Teigplatte in etwa 4 cm breite Streifen schneiden. Einen Streifen zu einer Schnecke rollen und diese in die Mitte der Form legen. Die anderen Streifen halbieren und um diesen Mittelpunkt herum bis zum Außenrand anordnen. Im Ofen auf der mittleren Schiene 40–45 Minuten backen, eventuell nach 15 Minuten mit Backpapier abdecken. Herausnehmen und auf einem Kuchengitter abkühlen lassen.

5 Nach Belieben für die Dekoration die Schokolade hacken, mit dem Kokosöl in einer Schüssel über einem heißen Wasserbad schmelzen und gut verrühren. Die Himbeeren waschen und trocken tupfen. Den Kuchen mit Schokolade und Himbeeren dekorieren.

Für 1 großen Zopf
Zubereitung: 30 Minuten
+ 100 Minuten Gehzeit
+ 35 Minuten Backzeit

DREIERLEI-NUSS-ZOPF

Walnüsse, Mandeln und Haselnüsse haben in diesem Hefezopf ihren großen Auftritt. Der schmeckt noch besser als der Zopf vom Bäcker und ist dazu auf rein pflanzlicher Basis zubereitet. Hausgemacht ist es doch immer noch am besten – einfach zurücklehnen und genießen!

Für den Teig:
500 g Mehl (Type 550)
½ TL Salz
70 g weiche vegane Margarine, plus etwas mehr für das Backblech
½ Würfel frische Hefe (20 g)
80 g feiner Rohrohrzucker
1 Päckchen Vanillezucker
260 ml Mandelmilch

Für die Füllung:
100 g gemahlene Walnusskerne
100 g gemahlene Mandeln
100 g gemahlene Haselnüsse
3 gehäufte EL Vollkornpaniermehl
2 EL vegane Margarine
8 EL Agavendicksaft
2 EL Vanillezucker
½ TL gemahlener Zimt
220 ml Mandelmilch
200 g Aprikosenkonfitüre

1 Für den Teig Mehl und Salz in einer Schüssel vermischen. Die Margarine in Flöckchen dazugeben und mit den Fingern unterkneten. Eine Mulde hineindrücken, die Hefe hineinbröckeln und Zucker sowie Vanillezucker darüberstreuen. Die Mandelmilch in einem Topf bei schwacher Hitze erwärmen und dazugießen. Mit etwas Mehl bestäuben und den Vorteig zugedeckt etwa 10 Minuten an einem warmen Ort gehen lassen. Alles 10 Minuten zu einem geschmeidigen Teig verkneten, bei Bedarf etwas Wasser oder Mehl unterarbeiten. Den Teig zugedeckt bei Zimmertemperatur mindestens 1 Stunde gehen lassen. Nochmals durchkneten und weitere 30 Minuten gehen lassen.

2 Inzwischen für die Füllung Walnüsse, Mandeln, Haselnüsse und Paniermehl in einer Schüssel vermengen. Die Margarine in einem großen Topf mit Agavendicksaft, Vanillezucker, Zimt und Mandelmilch aufkochen lassen und bei mittlerer Hitze gut verrühren. Die Nussmischung einrühren und den Topf vom Herd ziehen.

3 Den Backofen auf 180 °C vorheizen. Ein Backblech einfetten. Den Teig zu einem etwa 0,5 cm dicken Rechteck ausrollen. Die Konfitüre gleichmäßig darauf glatt streichen und die Nussfüllung darauf verteilen. Den Teig von den Längsseiten her aufrollen und leicht zusammendrücken. Die Rolle mittig längs einmal oder zweimal aufschneiden, die Schnittflächen nach oben drehen und die Teighälften zu einer »Kordel« drehen oder zu einem Zopf flechten. Den Zopf auf das Backblech legen und im Ofen auf der mittleren Schiene in 30–35 Minuten goldbraun backen. Vom Blech nehmen und auf einem Kuchengitter abkühlen lassen.

Für 1 Kastenform von 20 cm Länge
Zubereitung: 30 Minuten
+ 50 Minuten Backzeit

SUPER-SCHOKO-JAUSENKUCHEN

Dieser Kuchen ist so super-schokoladig, dass er seinen Namen unbedingt verdient hat. In diesem Kastenkuchen steckt nämlich nicht nur Kakaopulver, sondern auch noch knackige Schokolade. Als Glasur haben wir eine köstliche Ganache aufgetragen, die zusätzlich mit weißer Schokolade verziert wird. Denn eines ist sicher: Schokolade macht ganz besonders glücklich.

Für den Teig:
100 g Dinkelmehl (Type 630)
150 g Weizenmehl (Type 550), plus etwas mehr für die Form
130 g feiner Rohrohrzucker
1 EL Vanillezucker
1½ TL Natron
40 g Kakaopulver
60 g vegane Zartbitterschokolade
60 ml Sojamilch
2 TL Essig
60 ml Pflanzenöl
220 ml Mineralwasser mit Kohlensäure

Für die Glasur:
60 g vegane Zartbitterschokolade
1 EL Sojasahne
20 g vegane weiße Schokolade

Außerdem:
vegane Margarine für die Form

1 Den Backofen auf 180 °C vorheizen. Die Kastenform mit Margarine einfetten und mit Mehl ausstäuben. Für den Teig die beiden Mehlsorten, Zucker, Vanillezucker, Natron und Kakaopulver in einer Schüssel mit dem Schneebesen vermengen. Die Zartbitterschokolade hacken und beiseitestellen.

2 In einer weiteren Schüssel die Sojamilch mit dem Essig verrühren, 10 Minuten ruhen lassen und dann das Öl einrühren. Die Sojamilchmischung zur Mehlmischung geben, das Mineralwasser dazugießen und alles mit einem Löffel rasch, aber nicht zu fest, zu einem geschmeidigen Teig verrühren. Die gehackte Schokolade unterheben. Den Teig sofort in die Kastenform füllen und im Ofen auf der mittleren Schiene 50 Minuten backen. Herausnehmen und auf einem Kuchengitter abkühlen lassen.

3 Für die Glasur die Zartbitterschokolade hacken, mit der Sahne in einen Topf geben und bei schwacher Hitze schmelzen lassen. Den Kuchen mit der Glasur überziehen und diese trocknen lassen. Die weiße Schokolade in einer Schüssel im Wasserbad schmelzen. In einen Gefrierbeutel füllen, vorsichtig eine Ecke abschneiden und mit raschen Bewegungen dekorative Linien über den Kuchen ziehen.

Für 2 Pfannkuchen
Zubereitung: 30 Minuten

BUCHWEIZEN-PFANNKUCHEN
MIT KARAMELLISIERTEN APFELSPALTEN

125 g Buchweizenmehl
½ Päckchen Backpulver
ausgekratztes Mark von ¼ Vanilleschote
1 EL Zucker
1 Prise Meersalz
300 ml eiskaltes Mineralwasser mit Kohlensäure
1 Apfel (z. B. Boskop)
Saft von ½ Zitrone
3 EL Öl zum Ausbacken
25 g Rohrohrzucker

Die glutenfreie Basis für diese Pfannkuchen ist ein Teig aus kräftigem Buchweizenmehl. Der Apfel gibt Süße und Fruchtigkeit und karamellisiert richtig schön in der Pfanne. Wer mag, kann diesen Pfannkuchen auch pikant zubereiten (siehe Tipp).

1 Mehl, Backpulver, Vanillemark, Zucker und Salz in einer Schüssel vermischen. Das Mineralwasser hinzufügen und alles zu einem glatten Teig verrühren. Den Apfel schälen, vierteln, vom Kerngehäuse befreien und in dünne Spalten schneiden. Die Apfelspalten in Wasser mit Zitronensaft legen.

2 Die Hälfte des Öls in einer Pfanne erhitzen, die Hälfte des Teigs hineingeben, eventuell etwas verstreichen und mit der Hälfte der Apfelspalten belegen. Bei mittlerer Hitze backen, bis die Ränder fest geworden sind. Die Hälfte des Zuckers daraufstreuen. Pfannkuchen wenden, auf der anderen Seite ebenfalls goldbraun backen und aus der Pfanne nehmen. Aus den restlichen Zutaten einen weiteren Pfannkuchen backen. Abkühlen lassen, verpacken und mitnehmen. Schmeckt warm oder kalt.

TIPP

Die Apfelspalten können auch separat zu den Pfannkuchen gereicht werden. Alternativ für eine herzhafte Mahlzeit die Pfannkuchen nach Belieben mit gehackter Zwiebel, Gemüse (Paprikastücke, Mais), Salz oder frischen Kräutern zubereiten.

REGISTER

DIE AUTOREN ...

Jérôme Eckmeier arbeitete nach seiner Ausbildung zum Koch und Lebensmitteltechniker in zahlreichen renommierten Restaurants im In- und Ausland. Seit mehreren Jahren kocht und lebt er vegan. In seiner Internet-Kochshow und seinem Blog begeistert er regelmäßig mit neuen veganen Kreationen.

Ich danke *meiner Frau Melanie (für ihre Geduld mit mir), unseren Kindern sowie meinen Eltern. Ein Dank geht außerdem an: Franz und Traute, Marius und Frauke, Familie Keller, Dr. Norbert Knitsch, den Eckmeier-Clan aus dem Kohlenpott, die Mädels und Jungs vom Budo Nüttermoor, meinen Sensei Hardwig Tomic, Markus von Little Harbour Tattoo, den VEBU, Bernd Drosihn von tofutown, Sebastian Bete von der OZ, Erwin und Sandra, Ingo Jäger, Tatjana und Boris Seifert, Brigitte »die Sonne« Kelly, Nicole Bader, Andreas Kessemeier und die MitarbeiterInnen von Pool Position, Mike Beuger von der Kanzlei WBS Köln, Vik und Tina, das Team der VHS Leer, Vegetarisch Fit, cinemadirekt Berlin, Keimling Naturkost, Jan Bredack und seine Familie, das Team vom Veganz, Baola München, Chris von myey.info, Roadhouse Herbrum und alle Menschen und Rock 'n' Roller, die mich in meiner Arbeit unterstützen.*

Foto: © Boris Seifert

Jérôme Eckmeier

Daniela Lais war über zehn Jahre als freie Journalistin tätig und arbeitet heute für die vegane Backstube des alteingesessenen vegetarisch-veganen Restaurants *Ginko* in Graz. Daniela Lais lebt seit über zehn Jahren vegan, natürlich auch unterwegs und an der Arbeit.

Mein Dankeschön *geht an meinen Partner Michael, der auch bei diesem Buch wieder sehr dankbarer Testesser war und mich stets mit seiner ehrlichen Meinung unterstützt. Ich danke meinen Eltern und allen FreundInnen, die meine Kreationen schätzen und mich unterstützen. Danke an meine amerikanischen FreundInnen Janet, Steven und Denise, die mich zu vielen Rezepten inspiriert haben und mich immer wieder ermutigen, meine Ideen und Träume zu leben; an meine Hündin Lilly, die mein Leben sehr bereichert. Ein großes Danke geht auch an meinen Verlag DK, besonders an Sarah Fischer, die mit großem Engagement an einem perfekten Buch arbeitet. An Sabine Durdel-Hoffmann, Brigitte Sporrer, für die großartige Fotografie, an Jérôme Eckmeier und den VEBU. Danken möchte ich auch meinen Grazer Backkolleginnen, allen voran Franziska Gregor, die für mich ein großes Vorbild als Mensch, Tierschützerin und Bäckerin ist. Ich danke allen Menschen, die sich im Tierschutz und Tierrecht engagieren, meinen Kaffeedealern, die mich stets mit gutem Kaffee wach und bei der Arbeit halten, und allen Menschen, die mich im Alltag auf meinen Wegen supporten.*

Foto: von privat

Daniela Lais

VEGAN
TUT GUT - SCHMECKT GUT

€ 19,95 [D] / € 20,60 [A]
978-3-8310-2449-0

EINFACH
VEGAN
BACKEN

€ 19,95 [D] / € 20,60 [A]
978-3-8310-2780-4

Fotografie Brigitte Sporrer
Foodstyling Julia Skowronek
Lektorat Sabine Durdel-Hoffmann, Karin Kerber
Koordination VEBU Bettina Paul
Cover- und Innengestaltung, Typografie, Illustration, Realisation Sonja Gagel

Für den DK Verlag:
Programmleitung Monika Schlitzer
Redaktionsleitung Caren Hummel
Projektbetreuung Sarah Fischer
Herstellungsleitung Dorothee Whittaker
Herstellungskoordination Arnika Marx
Herstellung Christine Rühmer

ISBN 978-3-8310-2937-2

Repro Farbsatz, Neuried / München
Druck und Bindung Neografia, Slowakei

Besuchen Sie uns im Internet
www.dorlingkindersley.de

Hinweise
Die Informationen und Ratschläge in diesem Buch sind von den Autoren und vom Verlag sorgfältig erwogen und geprüft, dennoch kann eine Garantie nicht übernommen werden. Eine Haftung der Autoren bzw. des Verlags und seiner Beauftragten für Personen-, Sach- und Vermögensschäden ist ausgeschlossen.

Soweit nicht anders angegeben, beziehen sich die Temperaturangaben für den Ofen auf Ober- und Unterhitze. Bei Umluft verringert sich die Temperatur um etwa 20 °C. Beachten Sie hierzu gegebenenfalls auch die Angaben des Herstellers.

Für die Unterstüzung der Fotoproduktion dankt der Verlag der Firma Laguna (laguna-onlinshop.de)